DE L'IDÉAL
DANS L'ART

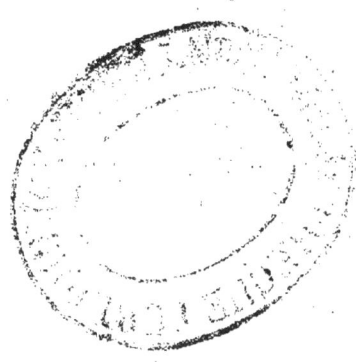

OUVRAGES DU MÊME AUTEUR

Paris. — Imprimerie de E. Martinet, rue Mignon, 2.

DE L'IDÉAL

DANS L'ART

PAR

H. TAINE

LEÇONS PROFESSÉES A L'ÉCOLE DES BEAUX-ARTS

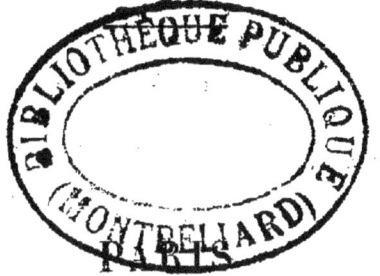

GERMER BAILLIÈRE, LIBRAIRE-ÉDITEUR

Rue de l'Ecole-de-Médecine, 17

Londres
Hipp. Baillière, 219, Regent street.

New-York
Baillière brothers, 440, Broadway.

MADRID, BAILLY-BAILLIÈRE, PLAZA DEL PRINCIPE ALFONSO, 16.

1867

A

MONSIEUR SAINTE-BEUVE

DE L'IDÉAL
DANS L'ART

Messieurs,

Il semble que le sujet dont je vais vous entretenir ne puisse être traité que par la poésie. Quand on parle de l'idéal, c'est avec son cœur; on pense alors au beau rêve vague par lequel s'exprime le sentiment intime; on ne le dit guère qu'à voix basse, avec une sorte d'exaltation contenue; quand on en discourt tout haut, c'est en vers, dans une cantate; on n'y touche que du bout du doigt ou à mains jointes, comme lorsqu'il s'agit du bonheur, du ciel et de l'amour. Pour nous, selon notre habitude, nous l'étudierons en naturalistes, méthodiquement, par l'analyse, et nous tâcherons d'arriver, non à une ode, mais à une loi.

Il faut d'abord entendre ce mot, l'*idéal;* l'explication grammaticale n'en est pas difficile. Rappelons-nous la définition de l'œuvre d'art que nous avons trouvée au commencement de ce cours (1). Nous avons dit que l'œuvre d'art a pour but de manifester quelque caractère essentiel ou saillant, plus complétement et plus clairement que ne font les objets réels. Pour cela l'artiste se forme l'idée de ce caractère, et d'après son idée il transforme l'objet réel. Cet objet ainsi transformé se trouve *conforme à l'idée*, en d'autres termes *idéal*. Ainsi les choses passent du réel à l'idéal, lorsque l'artiste les reproduit en les modifiant d'après son idée, et il les modifie d'après son idée lorsque, concevant et dégageant en elles quelque caractère notable, il altère systématiquement les rapports naturels de leurs parties pour rendre ce caractère plus visible et plus dominateur.

(1) *Philosophie de l'art*, par H. Taine, page 64.

I

Parmi les idées que les artistes impriment dans leur modèle, y en a-t-il de supérieures ? Peut-on indiquer un caractère qui vaille mieux que les autres? Y a-t-il pour chaque objet une forme idéale, hors de laquelle tout soit déviation ou erreur? Peut-on découvrir un principe de subordination qui assigne des rangs aux diverses œuvres d'art?

Au premier regard on est tenté de dire que non ; la définition que nous avons trouvée semble barrer la voie à cette recherche ; elle porte à croire que toutes les œuvres d'art sont de niveau et que le champ est ouvert à l'arbitraire. En effet, si l'objet devient idéal par cela seul qu'il est conforme à l'idée, peu importe l'idée ; elle est au choix de l'artiste ; il prendra celle-ci ou celle-là, à son goût ; nous n'aurons point de réclamation à faire. Le même

sujet pourra être traité de telle façon, de la
façon opposée et de toutes les façons intermédiaires. Bien mieux, il semble qu'ici l'histoire
soit du même parti que la logique et que la
théorie soit confirmée par les faits. Considérez
les divers siècles, les diverses nations et les
diverses écoles. Les artistes, étant différents de
race, d'esprit et d'éducation, sont frappés diffé-
remment par le même objet; chacun le voit à
son point de vue; chacun y démêle un caractère distinct; chacun s'en forme une idée originale, et cette idée, manifestée dans l'œuvre
nouvelle, dresse soudain dans la galerie des formes idéales un nouveau chef-d'œuvre, comme
un nouveau dieu dans un olympe qu'on croyait
complet. — Plaute avait mis en scène Euclion,
l'avare pauvre; Molière reprend le même personnage et fait Harpagon, l'avare riche. Deux
siècles après, l'avare, non pas sot et bafoué
comme jadis, mais redoutable et triomphant,
devient le père Grandet entre les mains de Balzac, et le même avare, tiré de sa province, devenu Parisien, cosmopolite et poëte en chambre,

fournit au même Balzac l'usurier Gobseck. —
Une seule situation, celle du père maltraité par
ses enfants ingrats, a suggéré tour à tour l'*Œ-
dipe à Colonne* de Sophocle, le *Roi Lear* de
Shakspeare et le *Père Goriot* de Balzac. —
Tous les romans et toutes les pièces de théâtre
représentent un jeune homme et une jeune
femme qui s'aiment et veulent s'épouser ;
sous combien de figures diverses a reparu ce
même couple, de Shakspeare à Dickens et de
madame de Lafayette à George Sand! — Les
amants, le père, l'avare, tous les grands types,
peuvent donc toujours être renouvelés; ils l'ont
été incessamment, ils le seront encore, et c'est
justement la marque propre, la gloire unique,
l'obligation héréditaire des vrais génies que
d'inventer en dehors de la convention et de la
tradition.

Si, après les œuvres littéraires, on regarde
les arts du dessin, le droit de choisir à volonté
tel ou tel caractère paraît encore mieux établi.
Une douzaine de personnages et de scènes évan-
géliques ou mythologiques ont défrayé toute la

grande peinture ; l'arbitraire de l'artiste y éclate
par la diversité des œuvres comme par la pléni-
tude des succès. Nous n'osons pas louer l'un
plus que l'autre, mettre une œuvre parfaite au-
dessus d'une œuvre parfaite, dire qu'il faut
suivre Rembrandt plutôt que Véronèse, ou Véronèse plutôt que Rembrandt. Et cependant
quel contraste ! Dans le *Repas d'Emmaüs*, le
Christ de Rembrandt (1) est un ressuscité, figure
cadavérique, jaunâtre et douloureuse, qui a
connu le froid du tombeau, et dont le triste
et miséricordieux regard s'arrête encore une fois
sur les misères humaines ; près de lui sont deux
disciples, vieux ouvriers fatigués, à tête chauve
et blanchie ; ils sont assis à une table d'auberge ;
un petit garçon d'écurie regarde d'un air ba-
lourd ; autour de la tête du crucifié qui revient,
luit l'étrange clarté de l'autre monde. Dans le
Christ aux cent florins, la même idée reparaît
plus forte ; c'est bien là le Christ du peuple, le
sauveur des pauvres, debout dans une de ces

(1) Voyez le tableau du Louvre, et l'esquisse gravée, qui est
un peu différente.

caves flamandes où jadis priaient et tissaient les
Lollards : des mendiants en loques, des gueux
d'hôpital tendent vers lui leurs mains sup-
pliantes ; une lourde paysanne à genoux le regarde avec les yeux fixes et béants de la foi
profonde ; un paralytique arrive posé en travers
sur une brouette : guenilles trouées, vieux man-
teaux graisseux et déteints aux intempéries,
membres scrofuleux ou difformes, pâles visages
usés ou abrutis, lamentable amas de laideurs
et de maladies, sorte de bas-fonds humain que
les heureux du siècle, un bourgmestre ventru,
des citadins gras, regardent avec une insolente
indifférence, mais sur lequel le bon Christ étend
ses mains guérissantes, pendant que sa clarté
surnaturelle perce l'ombre et rayonne jusque
sur les murs suintants. — Si la pauvreté, la
tristesse et l'air obscur rayé de lueurs vagues,
ont fourni des chefs-d'œuvre, la richesse, la
joie, la chaude et riante lumière du plein jour,
fournissent un chef-d'œuvre égal. Considérez
à Venise et au Louvre les trois repas du Christ
par Véronèse. Le grand ciel s'étale au-dessus

d'une architecture de balustres, de colonnades
et de statues; la blancheur luisante et les bi-
garrures variées des marbres encadrent une
assemblée de seigneurs et de dames qui font
festin; c'est une fête d'apparat vénitienne, et
du XVIᵉ siècle; le Christ est au centre, et, en
longues rangées autour de lui, des nobles en
pourpoints de soie, des princesses en robes de
brocart mangent et rient, pendant que des
lévriers, des négrillons, des nains, des musi-
ciens, occupent les yeux ou les oreilles des
assistants. Les simarres chamarrées de noir et
d'argent ondulent à côté des jupes de velours
brodées d'or: les collerettes de dentelle enser-
rent la blancheur satinée des nuques; les perles
luisent sur les tresses blondes; les florissantes
carnations laissent deviner la force d'un sang
jeune qui coule aisément et à pleines veines; les
têtes spirituelles et vives ne sont pas loin d'un
sourire, et sur le lustre argenté ou rosé de la
teinte générale, les jaunes d'or, les bleus tur-
quins, l'écarlate intense, les verts rayés, les
tons rompus, reliés, achèvent par leur harmo-

nie délicieuse et élégante la poésie de ce luxe aristocratique et voluptueux. — D'autre part, qu'y a-t-il de mieux déterminé que l'Olympe païen ? La littérature et la statuaire grecques en ont arrêté tous les contours ; il semble qu'à son endroit toute innovation soit interdite, toute forme précisée et toute invention bridée. Et cependant chaque peintre, en le transportant sur sa toile, y fait dominer un caractère jusqu'a-lors inaperçu. Le *Parnasse* de Raphaël présente aux yeux de belles jeunes femmes d'une dou-ceur et d'une grâce tout humaines, un Apollon qui, les yeux au ciel, s'oublie en écoutant le son de sa cithare, une architecture mesurée de formes rhythmées et paisibles, des nudités chastes que le ton sobre et presque terne de la fresque rend plus chastes encore. Avec des ca-ractères opposés, Rubens recommence la même œuvre. Rien de moins antique que ses mytholo-gies. Entre ses mains les divinités grecques sont devenues des corps flamands, à pulpe lympha-tique et sanguine, et ses fêtes célestes ressem-blent aux mascarades que Ben-Jonson, au même

1.

moment, arrangeait pour la cour de Jacques Ier : audacieuses nudités encore rehaussées par la splendeur des draperies tombantes, Vénus grasses et blanches qui retiennent leurs amants avec un geste abandonné de courtisane, malignes Cérès qui rient, dos potelés et frémissants des sirènes tordues, molles et longues inflexions de la chair vivante et ployante, fureur de l'élan, impétuosité des convoitises, magnifique étalage de la sensualité débridée, triomphante, que nourrit le tempérament, que la conscience n'atteint pas, qui devient poétique en restant animale, et, par un accident unique, assemble dans ses jouissances toute la liberté de la nature et toutes les pompes de la civilisation. Ici encore un sommet a été atteint ; la « colossale belle humeur » couvre et emporte tout ; « le Titan néerlandais avait des ailes si puissantes qu'il s'est élevé jusqu'au soleil, quoique des quintaux de fromages de Hollande pendissent à ses jambes » (1). — Si enfin, au lieu de comparer

(1) Henri Heine, *Reisebilder*, I, 154.

deux artistes de race différente, vous vous en-
fermez dans la même nation, rappelez-vous les
œuvres italiennes que je vous ai décrites : tant
de Crucifiements, de Nativités, d'Annonciations,
de Madones avec l'enfant, tant de Jupiters, d'A-
pollons, de Vénus et de Dianes, et, pour préciser vos souvenirs, la même scène traitée tour à
tour par trois maîtres, Léonard de Vinci,
Michel-Ange et Corrége. Il s'agit de leurs *Lédas*,
vous connaissez au moins les trois estampes. —
La Léda de Léonard est debout, pudique, les
yeux baissés, et les lignes sinueuses, serpentines
de son beau corps ondulent avec une élégance
souveraine et raffinée ; par un geste d'époux, le
cygne presque humain l'enveloppe de son aile,
et les petits jumeaux qui éclosent à côté de lui
ont l'œil oblique de l'oiseau ; nulle part le mys-
tère des anciens jours, la profonde parenté de
l'homme et de l'animal, le vague sentiment
païen et philosophique de la vie une et universelle, ne s'est exprimé avec une recherche plus
exquise et n'a montré les divinations d'un
génie plus pénétrant et plus compréhensif. —

Au contraire, la Léda de Michel-Ange est une
reine de la race colossale et militante, une sœur
de ces vierges sublimes qui dorment lassées dans
la chapelle des Médicis, ou s'éveillent doulou-
reusement pour recommencer le combat de la
vie; son grand corps allongé a les mêmes muscles et la même structure : ses joues sont minces;
il n'y a pas en elle la moindre trace de joie ni
d'abandon; jusque dans un pareil moment elle
est sérieuse, presque sombre. L'âme tragique
de Michel-Ange soulève ces puissants membres,
redresse ce torse héroïque, et roidit ce regard
fixe sous le sourcil froncé. — Le siècle tourne, et
les sentiments virils font place aux sentiments
féminins. La scène dans Corrége devient un bain
de jeunes filles, sous les doux reflets verts des
arbres et parmi les mouvements agiles de l'eau
qui bruit et ruisselle. Il n'y a rien qui ne soit
séduction et attrait; le rêve heureux, la grâce
suave, la volupté parfaite n'ont jamais épanoui
ni troublé l'âme par un langage plus pénétrant
et plus vif. La beauté des corps et des têtes
n'est point noble, mais engageante et cares-

sante. Rondes et rieuses, elles ont l'éclat satiné, printanier des fleurs illuminées par le soleil ; la fraîcheur de la plus fraîche adolescence affermit la blancheur délicate de leur chair imprégnée de lumière. Une, blonde, complaisante, avec un torse et une chevelure ambiguë de jeune garçon, écarte le cygne ; une petite, mignonne, maligne, tient la chemise ; sa compagne y entre et le tissu aérien qui l'effleure ne voilera pas les pleins contours de son beau corps ; d'autres, folâtres, au front petit, aux lèvres et au menton amples, jouent dans l'eau avec un abandon mutin ou tendre : plus abandonnée encore, et contente de s'abandonner, Léda sourit, dé- faille ; et la sensation délicieuse, enivrante, qui s'est exhalée de toute la scène arrive au comble dans son extase et dans sa pamoison.

Laquelle préférer? Et quel caractère est supérieur, la grâce charmante de la félicité débordante, la grandeur tragique de l'énergie hautaine, ou la profondeur de la sympathie intelligente et raffinée? Tous correspondent à quelque portion essentielle de la nature humaine,

ou à quelque moment essentiel du développement humain. Le bonheur et la tristesse, la
raison saine et le rêve mystique, la force active
ou la sensibilité fine, les hautes visées de l'esprit
inquiet et le large épanouissement de la joie
animale, tous les grands partis-pris à l'endroit
de la vie ont une valeur. Des siècles et des peuples entiers se sont employés à les produire au
jour; ce que l'histoire a manifesté, l'art le ré-
sume, et de même que les diverses créatures
naturelles, quels que soient leur structure et
leurs instincts, trouvent leur place dans le
monde et leur explication dans la science, de
même les diverses œuvres de l'imagination humaine, quel que soit le principe qui les anime
et la direction qu'elles manifestent, trouvent
leur justification dans la sympathie critique et
leur place dans l'art.

II

Et cependant, dans le monde imaginaire comme dans le monde réel, il y a des rangs divers, parce qu'il y a des valeurs diverses. Le public et les connaisseurs assignent les uns et estiment les autres. Nous n'avons pas fait autre chose depuis trois ans, en parcourant les cinq siècles de la peinture italienne. Nous avons toujours, et à chaque pas, porté des jugements. Sans le savoir, nous avions en main un instrument de mesure. Les autres hommes font comme nous, et, en critique comme ailleurs, il y a des vérités acquises. Chacun reconnaît aujourd'hui que certains poëtes, comme Dante et Shakspeare, certains compositeurs, comme Mozart et Beethoven, tiennent la première place dans leur art. On l'accorde à Gœthe entre tous les écrivains de notre siècle. Parmi les Flamands, nul ne la dispute à Rubens; parmi les Hollandais,

à Rembrandt; parmi les Allemands, à Albert
Durer; parmi les Vénitiens, à Titien. Trois
artistes de la renaissance italienne, Léonard de
Vinci, Michel-Ange et Raphaël, montent, d'un
consentement unanime, au-dessus de tous les
autres. — En outre, ces jugements définitifs
que la postérité prononce justifient leur autorité
par la façon dont ils sont rendus. D'abord les
contemporains de l'artiste se sont réunis pour le
juger, et cette opinion, à laquelle tant d'esprits,
de tempéraments et d'éducations différentes ont
concouru, est considérable, parce que les insuffisances de chaque goût individuel ont été com-
blées par la diversité des autres goûts; les préjugés, en se combattant, se balancent, et cette
compensation mutuelle et continue amène peu à
peu l'opinion finale plus près de la vérité. Cela
fait, un autre siècle a commencé, muni d'un
esprit nouveau, puis, après celui-ci, un autre;
chacun d'eux a révisé le procès pendant; chacun
d'eux l'a révisé à son point de vue; ce sont là
autant de rectifications profondes et de confir-
mations puissantes. Quand l'œuvre, après avoir

ainsi passé de tribunaux en tribunaux, en sort qualifiée de la même manière et que les juges, échelonnés sur toute la ligne des siècles, s'accordent en un même arrêt, il est probable que la sentence est vraie ; car si l'œuvre n'était pas supérieure, elle n'aurait pas réuni des sympathies si différentes en un seul faisceau. Que si la limitation d'esprit propre aux époques et aux peuples les porte parfois, comme les individus, à mal juger et à mal comprendre, ici, comme pour les individus, les divergences redressées et les oscillations annulées les unes par les autres aboutissent par degrés à cet état de fixité et de rectitude, où l'opinion se trouve assez solidement et légitimement établie pour que nous puissions y acquiescer avec confiance et avec raison. — Enfin, par delà ces concordances du goût instinctif, les procédés modernes de la critique viennent ajouter l'autorité de la science à l'autorité du sens commun. Un critique sait maintenant que son goût personnel n'a pas de valeur, qu'il doit faire abstraction de son tempérament, de ses inclinations, de son parti, de

ses intérêts, qu'avant tout son talent est la sympathie, que la première opération en histoire
consiste à se mettre à la place des hommes que
l'on veut juger, à entrer dans leurs instincts et
dans leurs habitudes, à épouser leurs sentiments, à repenser leurs pensées, à reproduire
en soi-même leur état intérieur, à se représenter minutieusement et corporellement leur milieu, à suivre par l'imagination les circonstances
et les impressions qui, s'ajoutant à leur caractère inné, ont déterminé leur action et conduit
leur vie. Un tel travail, en nous mettant au point
de vue des artistes, nous permet de mieux les
comprendre, et comme il se compose d'ana-
lyses, il est, ainsi que toute opération scientifi-
que, capable de vérification et de perfectionne-
ment. En suivant cette méthode, nous avons
pu approuver et désapprouver tel artiste, blâ-
mer tel fragment et louer tel morceau dans la
même œuvre, établir des valeurs, indiquer des
progrès et des déviations, reconnaître des flo-
raisons et des dégénérescences, non pas arbi-
trairement, mais d'après une règle commune,

C'est cette règle secrète que je vais tâcher de dégager, de préciser et de prouver devant vous.

III

Considérons pour cela les diverses parties de la définition que nous avons obtenue. Rendre dominateur un caractère notable ; voilà le but de l'œuvre d'art. C'est pourquoi plus une œuvre se rapprochera de ce but, plus elle sera parfaite ; en d'autres termes, plus elle remplira exactement et complétement les conditions indiquées, plus elle sera haut placée dans l'échelle. Il y a deux de ces conditions ; il faut donc que le caractère soit le plus notable possible et le plus dominateur possible. Étudions de près ces deux obligations de l'artiste. Pour abréger le travail, je n'examinerai que les arts d'imitation, la sculpture, la musique dramatique, la peinture et la littérature, principalement ces deux dernières. Cela

suffira; car vous connaissez le lien qui joint les
arts qui imitent et les arts qui n'imitent pas (1).
Les uns et les autres cherchent à rendre dominateur quelque caractère notable. Les uns et
les autres y arrivent en employant un ensemble
de parties liées dont ils combinent ou modi-
fient les rapports. La seule différence est que
les arts d'imitation, la peinture, la sculpture et la
poésie, reproduisent des liaisons organiques et
morales et font des œuvres correspondantes aux
objets réels, tandis que les autres arts, la musique proprement dite et l'architecture, combinent des rapports mathématiques, pour créer
des œuvres qui ne correspondent pas aux objets réels. Mais une symphonie, un temple,
ainsi constitués, sont des êtres vivants comme
un poëme écrit ou une figure peinte; car ils sont
aussi des êtres organisés dont toutes les parties
sont mutuellement dépendantes et régies par un
principe directeur; ils ont aussi une physionomie,
ils manifestent aussi une intention, ils parlent

(1) *Philosophie de l'art*, p. 47.

aussi par une expression, ils aboutissent aussi à un effet. A tous ces titres, ils sont des créatures idéales du même ordre que les autres, soumises aux mêmes lois de formation comme aux mêmes règles de critique; ils ne sont qu'un groupe distinct dans la classe totale, et, avec une restriction connue d'avance, les vérités que l'on trouve à côté d'eux s'appliquent à eux.

§ I

LE DEGRÉ D'IMPORTANCE DU CARACTÈRE

Qu'est-ce donc qu'un caractère notable, et d'abord comment savoir, deux caractères étant donnés, si l'un est plus important que l'autre? Nous nous trouvons reportés par cette question dans le domaine des sciences; car il s'agit ici des êtres en eux-mêmes, et c'est justement l'affaire des sciences que d'évaluer les caractères dont les êtres sont composés. Il nous faut faire une excursion dans l'histoire naturelle; je ne m'en excuse pas auprès de vous; si la matière paraît d'abord sèche et abstraite, il n'importe. La parenté qui lie l'art à la science est un honneur pour lui comme pour elle; c'est une gloire pour

elle de fournir à la beauté ses principaux sup-
ports; c'est une gloire pour lui que d'appuyer
ses plus hautes constructions sur la vérité.

Il y a cent ans environ que les sciences naturelles ont découvert la règle d'évaluation que
nous allons leur emprunter; c'est le *principe de
subordination des caractères;* toutes les classifi-
cations de la botanique et de la zoologie ont
été construites d'après lui, et son importance a été prouvée par des découvertes aussi
inattendues que profondes. Dans une plante et
dans un animal, certains caractères ont été
reconnus comme plus importants que les autres;
ce sont les *moins variables;* à ce titre, ils possèdent une force plus grande que celle des
autres; car ils résistent mieux à l'attaque de
toutes les circonstances intérieures ou extérieures qui peuvent les défaire ou les altérer. —
Par exemple, dans une plante, la taille et la
grandeur sont moins importantes que la structure; car à l'intérieur, certains caractères
accessoires, à l'extérieur, certaines conditions
accessoires font varier la grandeur et la taille

sans altérer la structure. Le pois qui rampe à
terre et l'acacia qui monte dans l'air sont des
légumineuses très-voisines; une tige de blé
haute de trois pieds et un bambou haut de trente
pieds sont des graminées parentes; la même
fougère, si petite en nos climats, devient un
grand arbre sous les tropiques. — Pareillement
encore, dans un vertébré, le nombre, la disposition et l'emploi des membres sont moins importants que la possession des mamelles. Il pourra
être aquatique, terrestre, aérien, subir tous les
changements que comporte le changement
d'habitation, sans que pour cela la structure
qui le rend capable d'allaiter soit altérée ou dé-
truite. La chauve-souris et la baleine sont des
mammifères comme le chien, le cheval et
l'homme. Les puissances formatrices qui ont
effilé les membres de la chauve-souris et changé
ses mains en ailes, qui ont soudé, raccourci et
presque effacé les membres postérieurs de la baleine, n'ont point eu de prise chez l'une ni chez
l'autre sur l'organe qui donne au petit son ali-
ment, et le mammifère volant comme le mam-

mifère nageant restent frères du mammifère
qui marche. — Il en est ainsi dans toute l'é-
chelle des êtres et sur toute l'échelle des caractères. Telle disposition organique est un poids
plus lourd que les forces capables d'ébranler des
poids moindres ne parviennent pas à ébranler.

Par suite, lorsqu'une de ces masses s'é-
branle, elle entraîne avec soi des masses pro-
portionnées. En d'autres termes, un caractère
amène et emmène avec lui des caractères d'autant plus invariables et plus importants qu'il est
plus invariable et plus important lui-même. Par
exemple, la présence de l'aile, étant un caractère fort subordonné, n'entraîne avec soi que
des modifications légères, et reste sans effet sur
la structure générale. Des animaux de classe
différente peuvent avoir des ailes ; à côté des
oiseaux sont des mammifères ailés comme la
chauve-souris, des lézards ailés comme l'ancien
ptérodactyle, des poissons volants comme les
exocets. Même, la disposition qui rend un animal
propre au vol est de si petite conséquence,
qu'elle se rencontre jusque dans des embran-

chements différents ; non-seulement plusieurs
vertébrés, mais encore beaucoup d'articulés ont
des ailes ; et, d'autre part, cette faculté est si
peu importante, que tour à tour elle manque et
se montre dans la même classe ; cinq familles
d'insectes volent, et la dernière, celle des aptè-
res, ne vole pas. — Au contraire, la présence
des mamelles étant un caractère fort important, entraîne avec soi des modifications consi-
dérables et détermine dans ses principaux traits
la structure de l'animal. Tous les mammifères
appartiennent au même embranchement ; on
est forcément vertébré dès qu'on est mammifère. Bien plus, la présence des mamelles
amène toujours avec soi la circulation double,
la viviparité, la circonscription des poumons
par une plèvre, ce qui exclut tous les autres
vertébrés, oiseaux, reptiles, amphibies et poissons. En général, lisez le nom d'une classe,
d'une famille, d'une division quelconque des
êtres naturels ; ce nom qui exprime le caractère
essentiel vous montre la disposition organique
qu'on a choisie comme signe. Lisez alors les

2.

deux ou trois lignes qui suivent : vous y trouverez énumérée une série de caractères qui sont
pour le premier des compagnons inséparables,
et dont l'importance et le nombre mesurent la
grandeur des masses qui viennent et s'en vont
avec lui.

Si maintenant on cherche la raison qui
donne à certains caractères une importance et
une invariabilité supérieures, on la trouve d'ordinaire dans la considération suivante : dans un
être vivant, il y a deux parties, les éléments et
l'agencement ; l'agencement est ultérieur, les
éléments sont primitifs ; on peut bouleverser
l'agencement sans altérer les éléments ; on ne
peut altérer les éléments sans bouleverser l'a-
gencement. On doit donc distinguer deux sortes
de caractères, les uns profonds, intimes, ori-
ginels, fondamentaux, ce sont ceux des éléments ou matériaux ; les autres superficiels,
extérieurs, dérivés, superposés, ce sont ceux de
l'agencement ou arrangement. Tel est le principe de la plus féconde théorie des sciences
naturelles, celle des analogies, par laquelle

Geoffroy Saint-Hilaire a expliqué la structure
des animaux et Gœthe la structure des plantes.
Dans le squelette d'un animal, il faut démêler
deux couches de caractères, l'une qui comprend
les pièces anatomiques et leurs connexions,
l'autre qui comprend leurs élongations, leurs
raccourcissements, leurs soudures et leur adap-
tation à tel ou tel emploi. La première est primitive, la seconde est dérivée ; les mêmes arti-
cles avec les mêmes rapports se retrouvent dans
le bras de l'homme, dans l'aile de la chauve-
souris, dans le membre à colonne du cheval,
dans la patte du chat, dans la nageoire de la
baleine ; ailleurs, chez l'orvet, chez le boa, des
pièces devenues inutiles subsistent à l'état de
vestiges, et ces rudiments conservés, comme
cette unité de plan maintenue, témoignent de
forces élémentaires que toutes les transformations ultérieures n'ont pu abolir. — De la même
façon on a constaté que, primitivement et par
leur fonds, toutes les parties de la fleur sont des
feuilles, et cette distinction de deux natures,
l'une essentielle, l'autre accessoire, a expliqué

des avortements, des monstruosités, des analogies aussi nombreuses qu'obscures, en opposant
la trame intime du tissu vivant aux plis, aux
sutures et aux broderies qui viennent la diversifier et la masquer. — De ces découvertes par-
tielles est sortie une règle générale; c'est que,
pour démêler le caractère le plus important, il
faut considérer l'être à son origine ou dans ses
matériaux, l'observer sous sa forme la plus simple, comme on le fait en embryogénie, ou noter
les caractères distinctifs qui sont communs à
ses éléments, comme on le fait dans l'anatomie
et la physiologie générale. En effet, c'est d'après
les caractères fournis par l'embryon, ou d'après
le mode de développement commun à toutes
les parties, que l'on ordonne aujourd'hui l'im-
mense armée des plantes; ces deux caractères
sont d'une importance si haute, qu'ils s'entraî-
nent mutuellement l'un l'autre et contribuent
tous deux à établir la même classification. Selon
que l'embryon est muni ou non de petites feuilles primitives, selon qu'il possède une ou deux
de ces feuilles, il entre dans l'un des trois

embranchements du règne végétal. S'il a deux de ces feuilles, sa tige est formée de couches concentriques et plus dure au centre qu'à la circonférence, sa racine est fournie par l'axe primaire, ses verticilles floraux se composent presque toujours de deux ou cinq pièces ou de leurs multiples. S'il n'a qu'une de ces feuilles, sa tige est formée de faisceaux disséminés et se trouve plus molle au centre qu'à la circonférence, sa racine est fournie par des axes secondaires, ses verticilles floraux se composent presque toujours de trois pièces ou de leurs multiples. — Des correspondances aussi générales et aussi stables se rencontrent dans le règne animal, et la conclusion qu'au bout de leur travail les sciences naturelles lèguent aux sciences morales, c'est que les caractères sont plus ou moins importants selon qu'ils sont des forces plus ou moins grandes, c'est que l'on trouve la mesure de leur force dans le degré de leur résistance à l'attaque, c'est que partant leur invariabilité plus ou moins grande leur assigne dans la hiérarchie leur place plus ou moins haute, c'est qu'enfin leur invariabilité est d'autant plus grande qu'ils constituent dans l'être une couche plus profonde et appartiennent, non à son agencement, mais à ses éléments.

II

Appliquons ce principe à l'homme, d'abord à l'homme moral et aux arts qui le prennent pour objet, c'est-à-dire à la musique dramatique, au roman, au théâtre, à l'épopée et, en général, à la littérature. Quel est ici l'ordre d'importance des caractères, et comment constater leurs divers degrés de variabilité? L'histoire nous fournit un moyen très-sûr et très-simple; car les événements, en travaillant sur l'homme, altèrent en des proportions diverses les diverses couches d'idées et de sentiments qu'on remarque en lui. Le temps gratte et creuse sur nous comme un piocheur sur le sol, et manifeste ainsi notre

géologie morale; sous son effort, nos terrains
superposés s'en vont tour à tour, les uns plus
vite et les autres plus lentement. Ses premiers
coups de bêche raclent aisément un terrain
meuble, une sorte d'alluvion molle et tout extérieure; viennent ensuite des gravois mieux
collés, des sables plus épais qui, pour disparaître, exigent un travail plus long. Plus bas s'é-
tendent des calcaires, des marbres, des schistes
étagés, tous résistants et compactes; il faut
des âges entiers de labeur continu, de tran-
chées profondes, d'explosions multipliées pour
en venir à bout. Plus bas encore s'enfonce en
des lointains indéfinis le granit primitif, support
du reste, et, si puissante que soit l'attaque des
siècles, elle ne parvient pas à l'enlever tout-
entier.

A la surface de l'homme sont des mœurs,
des idées, un genre d'esprit qui durent trois ou
quatre ans; ce sont ceux de la mode et du moment. Un voyageur qui est allé en Amérique
ou en Chine ne retrouve plus le même Paris
qu'il avait quitté. Il se sent provincial et dé-

paysé; la plaisanterie a changé d'allures; le
vocabulaire des clubs et des petits théâtres est
différent; l'élégant qui tient le haut du pavé n'a
plus la même sorte d'élégance; il étale d'autres
gilets et d'autres cravates; ses scandales et ses
sottises font éclat dans un autre sens; son nom
lui-même est nouveau; nous avons eu tour à
tour le petit-maître, l'incroyable, le mirliflor, le
dandy, le lion, le gandin, le cocodès et le petit
crevé. Il suffit de quelques années pour balayer
et remplacer le nom et la chose; les variations
de la toilette mesurent les variations de ce genre
d'esprit; de tous les caractères de l'homme,
c'est le plus superficiel et le moins stable. —
Au-dessous s'étend une couche de caractères
un peu plus solides; elle dure vingt, trente,
quarante ans, environ une demi-période historique. Nous venons d'en voir finir une, celle qui
eut son centre aux alentours de 1830. Vous en
trouverez le personnage régnant dans l'*Antony*
d'Alexandre Dumas, dans les jeunes premiers
du théâtre de Victor Hugo, dans les souvenirs
et les récits de vos oncles et de vos pères. Il

s'agit de l'homme à grandes passions et à rêves sombres, enthousiaste et lyrique, politique et révolté, humanitaire et novateur, volontiers poitrinaire, d'apparence fatale, avec ces gilets tragiques et cette chevelure à grand effet que montrent les estampes de Dévéria ; aujourd'hui il nous semble à la fois emphatique et naïf, mais nous ne pouvons nous empêcher de le trouver ardent et généreux. En somme, c'est le plébéien de race neuve, richement doué de facultés et de désirs, qui, pour la première fois arrivé aux sommets du monde, étale avec fracas le trouble de son esprit et de son cœur. Ses sentiments et ses idées sont ceux d'une génération entière ; c'est pourquoi il faut laisser passer une génération pour les voir disparaître. Telle est la seconde couche, et le temps que l'histoire met à l'emporter vous montre le degré de son importance en vous montrant le degré de sa profondeur.

Nous voici arrivés aux couches du troisième ordre, celles-ci très-vastes et très-épaisses. Les caractères qui les composent durent pendant une période historique complète, comme le

moyen âge, la Renaissance, ou l'époque classique. Une même forme d'esprit règne alors pendant un ou plusieurs siècles et résiste aux frot-
tements sourds, aux destructions violentes, à
tous les coups de sape et de mine qui, pendant
tout l'intervalle, l'attaquent incessamment. Nos
grands-pères en ont vu disparaître une : c'est
la période classique, qui a fini en politique avec
la révolution de 1789, en littérature avec Delille
et M. de Fontanes, en religion avec l'apparition
de Joseph de Maistre et la chute du gallica-
nisme. Elle avait commencé en politique avec
Richelieu, en littérature avec Malherbe, en religion par cette réforme pacifique et spontanée
qui, au commencement du xviie siècle, renou-
vela le catholicisme français. Elle a subsisté
près de deux siècles, et on peut la reconnaître
à des signes sensibles. Au costume de cavalier
et de bravache que portaient les raffinés de la
Renaissance, succède le véritable habit de re-
présentation, tel qu'il le faut pour des salons et
pour une cour, la perruque, les canons, la
rhingrave, le vêtement aisé qui s'accommode

aux gestes mesurés et variés de l'homme du
monde, les étoffes de soie brodées, dorées, or-
nées de dentelles, la parure agréable et majestueuse, faite pour des seigneurs qui veulent
briller et cependant garder leur rang. A travers
des variations continues et secondaires, ce costume dure jusqu'au moment où le pantalon, la
botte républicaine et le sérieux habit noir utili-
taire viennent remplacer les souliers à boucles,
les bas de soie bien tirés, les jabots de dentelles,
les gilets à fleurs, et l'habit rose, bleu tendre
ou vert-pomme de l'ancienne cour. Dans tout
cet intervalle domine un caractère que l'Europe nous attribue encore, celui du Français
poli, galant, expert dans l'art de ménager autrui, beau diseur, modelé à distance plus ou
moins grande sur le courtisan de Versailles,
fidèle au style noble et à toutes les convenances
monarchiques de langage et de façons. Un
groupe de doctrines et de sentiments s'y adjoint
ou en dérive; la religion, l'État, la philosophie,
l'amour, la famille, reçoivent alors l'empreinte du
caractère régnant, et cet ensemble de disposi-

tions morales constitue un des grands types que conservera toujours la mémoire humaine, parce qu'elle reconnaît en lui une des formes principales du développement humain.

Si fermes et stables que soient ces types, ils finissent. Nous voyons, depuis quatre-vingts ans, le Français, engagé dans le régime démocratique, perdre une portion de sa politesse, la plus grande partie de sa galanterie, échauffer, diversifier et altérer son style, entendre d'une façon nouvelle tous les grands intérêts de la société et de l'esprit. Un peuple, dans le cours de sa longue vie, traverse plusieurs renouvellements semblables, et pourtant il reste lui-même, non-seulement par la continuité des générations qui le composent, mais encore par la persistance du caractère qui le fonde. En cela consiste la couche primitive; par-dessous les puissantes assises que les périodes historiques emportent, plonge et s'étend une assise bien plus puissante que les périodes historiques n'emportent pas. Considérez tour à tour les grands peuples depuis leur apparition jusqu'à

l'époque présente ; toujours vous trouverez en
eux un groupe d'instincts et d'aptitudes sur lesquels les révolutions, les décadences, la civilisation, ont passé sans avoir prise. Ces aptitudes
et ces instincts sont dans le sang et se transmet-
tent avec lui ; il faut, pour les altérer, une altération du sang, c'est-à-dire une invasion, une
conquête à demeure, et partant des croisements
de race, ou tout au moins un changement du
milieu physique, c'est-à-dire une émigration et
la lente impression d'un nouveau climat ; bref,
une transformation du tempérament et de la
structure corporelle. Quand dans le même pays
le sang reste à peu près pur, le même fonds
d'âme et d'esprit qui s'est montré dans les premiers grands-pères se retrouve dans les derniers petits-enfants. L'Achéen d'Homère, le
héros disert et bavard qui, sur le champ de bataille, raconte des généalogies et des histoires à
son adversaire avant de lui donner des coups de
lance, est en somme le même que l'Athénien
d'Euripide, philosophe, sophiste, ergoteur,
qui débite en plein théâtre des sentences d'école

et des plaidoiries d'agora ; on le revoit plus tard
dans le *Græculus* dilettante, complaisant, para-
site, de la domination romaine, dans le critique
bibliophile d'Alexandrie, dans le théologien
disputeur du Bas-Empire ; les Jean Cantacu-
zène et les raisonneurs qui s'entêtaient sur la
lumière incréée du mont Athos sont les vrais fils
de Nestor et d'Ulysse ; à travers vingt-cinq siècles de civilisation et de décadence, persiste le
même don de parole, d'analyse, de dialectique
et de subtilité. — Pareillement l'Anglo-Saxon,
tel qu'on le démêle à travers les mœurs, les lois
civiles et les vieilles poésies de l'époque barbare,
sorte de brute féroce, carnivore et militante,
mais héroïque et munie des plus nobles instincts
moraux et poétiques, reparaît, après les cinq
cents ans de conquête normande et d'importations françaises, dans le théâtre passionné et ima-
ginatif de la Renaissance, dans la brutalité et
le dévergondage de la Restauration, dans le
sombre et austère puritanisme de la Révolution,
dans la fondation de la liberté politique et le
triomphe de la littérature morale, dans l'énergie,

l'orgueil, la tristesse, l'élévation des habitudes
et des maximes qui, en Angleterre, soutien-
nent aujourd'hui le travailleur et le citoyen.
— Regardez l'Espagnol que décrivent Strabon
et les historiens latins, solitaire, hautain, indomptable, vêtu de noir, et voyez-le plus tard,
au moyen âge, le même dans ses principaux
traits, quoique les Wisigoths aient apporté un
peu de sang nouveau dans ses veines, aussi
obstiné, aussi intraitable et aussi superbe, ac-
culé à la mer par les Maures, et regagnant pied
à pied tout son pays par une croisade de huit
siècles, encore exalté et roidi par la longueur
et la monotonie de la lutte, fanatique et borné,
enfermé dans des mœurs d'inquisiteur et de
chevalier, le même au temps du Cid, sous
Philippe II, sous Charles II, dans la guerre
de 1700, et dans la guerre de 1808, et dans
le chaos de despotismes et d'insurrections
qu'il supporte aujourd'hui. — Considérez enfin
les Gaulois nos ancêtres : les Romains disaient
à leur propos qu'ils se piquaient de deux choses : bravement combattre, et finement par-

ler (1). Ce sont là, en effet, les grands dons naturels qui éclatent le plus dans nos œuvres et dans notre histoire : d'un côté, l'esprit militaire, le courage éclatant et parfois fou ; d'autre part, le talent littéraire, l'agrément de la conversation et la délicatesse du style. Sitôt que notre langue est formée, au xıı⁰ siècle, le Français gai, malin, qui veut s'amuser et amuser autrui, qui parle aisément et trop, qui sait parler aux femmes, qui aime à briller, qui s'expose par bravade et aussi par élan, très-sensible à l'idée de l'honneur, moins sensible à l'idée du devoir, apparaît dans la littérature et dans les mœurs. Les chansons de geste et les fabliaux, le *Roman de la rose*, Charles d'Orléans, Joinville et Froissard, vous le montrent tel que vous le reverrez plus tard dans Villon, Brantôme et Rabelais, tel qu'il sera au temps de son plus grand éclat, au temps de La Fontaine, Molière et Voltaire, dans les charmants salons du xvııı⁰ siècle, et jusqu'au siècle de Béranger. Il en est ainsi pour chaque

---

(1) Duas res industriosissimè persequitur gens Gallorum, rem militarem et argutè loqui.

peuple; il suffit de comparer une époque de
son histoire à l'époque contemporaine d'une
autre histoire, pour retrouver sous des altérations secondaires le fond national toujours intact et persistant.

Voilà le granit primitif; il dure une vie de
peuple, et sert d'assise aux couches successives
que les périodes successives viennent déposer à
la surface. — Si vous cherchiez plus bas, vous
trouveriez encore des fondements plus profonds;
là sont des strates obscures et gigantesques que la
linguistique commence à mettre à nu. Par-dessous les caractères de peuples sont les caractères
des races. Certains traits généraux accusent de
vieilles parentés entre des nations de génie différent; les Latins, les Grecs, les Germains, les
Slaves, les Celtes, les Persans, les Hindous, sont
des rejetons de la même souche ancienne; ni les
migrations, ni les croisements, ni les transformations du tempérament, n'ont pu entamer en eux
certaines aptitudes philosophiques et sociales,
certaines manières générales de concevoir la
morale, de comprendre la nature, d'exprimer la

3.

pensée. D'autre part, ces traits fondamentaux qui leur sont communs à tous ne se rencontrent pas dans une race différente, comme le Sémite et le Chinois; ceux-ci en ont d'autres et du même ordre. Les différentes races sont entre elles, au moral, comme un vertébré, un articulé, un mollusque, sont entre eux, au physique; ce sont des êtres construits sur des plans distincts et qui appartiennent à des embranchements distincts. — Enfin, au plus bas étage, se trouvent les caractères propres à toute race supérieure et capable de civilisation spontanée, c'est-à-dire douée de cette aptitude aux idées générales qui est l'apanage de l'homme et le conduit à fonder des sociétés, des religions, des philosophies et des arts ; de pareilles dispositions subsistent à travers toutes les différences de race, et les diversités physiologiques qui maîtrisent le reste ne parviennent pas à les entamer.

Tel est l'ordre dans lequel se superposent les couches de sentiments, d'idées, d'aptitudes et d'instincts qui composent une âme humaine. Vous voyez comment, en descendant des supé-

rieures aux inférieures, on les trouve toujours
plus épaisses, et comment leur importance se
mesure à leur stabilité. La règle que nous avons
empruntée aux sciences naturelles trouve ici
tout son emploi et se vérifie dans toutes ses suites. Car les caractères les plus stables sont, en
histoire comme en histoire naturelle, les plus
élémentaires, les plus intimes et les plus généraux. Dans l'individu psychologique comme
dans l'individu organique, il faut distinguer les
caractères primitifs et les caractères ultérieurs,
les éléments qui sont primordiaux et leur agencement qui est dérivé. Or un caractère est élémentaire lorsqu'il est commun à toutes les démarches de l'intelligence : telle est l'aptitude à
penser par images brusques ou par longues files
d'idées exactement enchaînées; elle n'est pas
propre à certaines démarches particulières de
l'intelligence; elle établit son empire sur toutes
les provinces de la pensée humaine et exerce
son action sur toutes les productions de l'esprit
humain; sitôt que l'homme raisonne, imagine
et parle, elle est présente et commandante; elle

le pousse en un certain sens, elle lui barre certaines issues. Il en est ainsi des autres. Ainsi,
plus un caractère est élémentaire et plus son
ascendant est étendu. Mais plus son ascendant
est étendu et plus il est stable. Ce sont des situations déjà fort générales et, partant, des
dispositions non moins générales qui déterminent les périodes historiques et leur personnage
régnant, le plébéien dévoyé et inassouvi de
notre siècle, le seigneur courtisan et homme de
salon de l'âge classique, le baron solitaire et
indépendant du moyen âge. Ce sont des caractères bien plus intimes et tous liés au tempérament physique qui constituent les génies natio-
naux : en Espagne, le besoin de la sensation âpre
et poignante et la détente terrible de l'imagination exaltée et concentrée ; en France, le besoin des idées nettes et contiguës et la démarche
aisée de la raison agile. Ce sont les dispositions
les plus élémentaires, c'est la langue munie ou
dépourvue de grammaire, c'est la phrase capable ou incapable de période, c'est la pensée
tantôt réduite à une sèche notation algébrique,

tantôt flexible, poétique et nuancée, tantôt passionnée, âpre et d'explosion violente, qui constituent les races, le Chinois, l'Aryen et le Sémite. Ici, comme dans l'histoire naturelle, il faut regarder l'embryon de l'esprit naissant pour y démêler les traits distinctifs de l'esprit développé et complet; les caractères de l'âge primitif sont les plus significatifs de tous; d'après la structure de la langue et l'espèce des mythes, on entrevoit la forme future de la religion, de la philosophie, de la société et de l'art, comme d'après la présence, l'absence ou le nombre des cotylédons on devine l'embranchement auquel appartient la plante et les traits principaux de son type. — Vous voyez que, dans le règne humain et dans le règne animal ou végétal, le principe de subordination des caractères établit la même hiérarchie : le rang supérieur et l'importance première appartiennent aux caractères les plus stables; et si ceux-ci sont plus stables, c'est qu'étant plus élémentaires, ils sont présents sur une plus grande surface et ne sont emportés que par une plus grande révolution.

III

A cette échelle des valeurs morales correspond, échelon par échelon, l'échelle des valeurs
littéraires. Toutes choses égales d'ailleurs, selon
que le caractère mis en relief par un livre est
plus ou moins important, c'est-à-dire plus ou
moins élémentaire et stable, ce livre est plus
ou moins beau, et vous allez voir les couches
de géologie morale communiquer aux œuvres
littéraires qui les expriment leur degré propre
de puissance et de durée.

Il y a d'abord une littérature de mode qui
exprime le caractère à la mode; elle dure
comme lui trois ou quatre ans, quelquefois
moins; d'ordinaire elle pousse et tombe avec
les feuilles de l'année : c'est la romance, la
farce, la brochure, la nouvelle en vogue. Lisez,
si vous en avez le courage, un vaudeville ou
une facétie de 1835, la pièce vous tombera des

mains. Souvent on essaye d'en remettre une
au théâtre; il y a vingt ans, elle faisait fureur;
aujourd'hui les spectateurs bâillent et elle disparaît bien vite de l'affiche. Telle romance
qu'on chantait sur tous les pianos est devenue
ridicule; on la trouve fade et fausse; tout au
plus vous la rencontrerez dans une province
éloignée et arriérée; elle exprimait quelqu'un
de ces sentiments éphémères qu'une faible va-
riation des mœurs suffit pour emporter; la voilà
démodée, et nous nous étonnons d'avoir pris
plaisir à des sottises. C'est ainsi que, parmi les
écrits innombrables qui s'étalent au jour, le
temps fait son triage; avec les caractères superficiels et peu tenaces, il enlève les œuvres qui
les exprimaient.

D'autres œuvres correspondent à des caractères un peu plus durables, et semblent des
chefs-d'œuvre à la génération qui les lit. Telle
fut cette *Astrée* célèbre que composa d'Urfé au
commencement du xvııe siècle, roman pastoral,
infiniment long, encore plus fade, berceau de
feuillage et de fleurs où les hommes, lassés par

les meurtres et le brigandage des guerres reli-
gieuses, vinrent écouter les soupirs et les délicatesses de Céladon. Tels furent ces romans de
mademoiselle de Scudéry, *le grand Cyrus*, *la
Clélie*, où la galanterie exagérée, raffinée et
compassée, introduite en France par les reines
espagnoles, la dissertation noble de la langue
nouvelle, les subtilités du cœur et le cérémo-
nial de la politesse s'étalèrent comme les robes
majestueuses et les révérences roides de l'hôtel
de Rambouillet. Quantité d'œuvres ont eu ce
genre de mérite et ne sont plus aujourd'hui
que des documents d'histoire : par exemple,
l'*Euphues* de Lily, l'*Adone* de Marini, l'*Hudi-
bras* de Butler, les pastorales bibliques de
Gessner. Nous ne manquons point aujourd'hui
de pareils écrits, mais j'aime mieux ne pas les
citer; remarquez seulement que vers 1806,
« M. Esménard tenait à Paris l'état de grand
homme (1) », et comptez tant d'œuvres qui ont
paru sublimes au début de la révolution litté-

_____

(1) Mot de Stendhal.

raire dont nous voyons aujourd'hui la fin : *Atala*, *le dernier Abencérage*, *les Natchez*, et plusieurs personnages de madame de Staël et de lord Byron. A présent le premier stade de la carrière a été franchi, et, de la distance où nous sommes, nous démêlons sans peine l'emphase et l'affectation que les contemporains ne voyaient pas. La célèbre élégie de Millevoye sur la *Chute des feuilles* nous laisse aussi froids que les *Messéniennes* de Casimir Delavigne; c'est que les deux œuvres, demi-classiques et demi-romantiques, convenaient par leur caractère mixte à une génération placée sur la frontière de deux périodes, et leur succès a eu justement la durée du caractère moral qu'elles manifestaient.

Plusieurs cas très-remarquables montrent avec une évidence parfaite comment la valeur de l'œuvre croît et décroît avec la valeur du caractère exprimé. Il semble qu'ici la nature ait, de dessein prémédité, institué l'expérience et la contre-expérience. On peut citer des écrivains qui, parmi vingt ouvrages secondaires, ont laissé un ouvrage de premier ordre. Dans

l'un et l'autre cas, le talent, l'éducation, la pré-
paration, l'effort, tout était pareil ; cependant,
dans le premier, il est sorti du creuset une
œuvre ordinaire ; dans le second, un chef-
d'œuvre a paru au jour. C'est que, dans le premier cas, l'écrivain n'avait exprimé que des
caractères superficiels et éphémères, tandis que,
dans le second, il a saisi des caractères durables
et profonds. Lesage écrit douze volumes de romans imités de l'espagnol, et l'abbé Prévost
vingt volumes de nouvelles tragiques ou tou-
chantes ; les curieux seuls vont les chercher,
mais tout le monde a lu *Gil Blas* et *Manon
Lescaut.* C'est que deux fois une chance heu-
reuse a mis sous la main de l'artiste un type
stable dont chacun retrouve les traits dans la
société qui l'entoure ou dans les sentiments
de son propre cœur. Gil Blas est un bourgeois muni de l'éducation classique, ayant tra-
versé les différentes conditions de la société
et fait fortune, de conscience assez large, un
peu valet pendant toute sa vie, « un peu *picaro* »
dans sa jeunesse, s'accommodant à la morale du

monde, point du tout stoïcien, encore moins
patriote, attrapant sa part du gâteau, et mor-
dant à belles dents dans le gâteau public, mais
gai, sympathique, point hypocrite, capable de
se juger à l'occasion, ayant des retours de pro-
bité avec un fonds d'honneur et de bonté, et
finissant par la vie rangée et honnête. Un pareil caractère, moyen en toutes choses, une
pareille destinée, si mélangée et traversée, se
rencontrent aujourd'hui et se rencontreront
demain comme au XVIIIe siècle. — Pareillement,
dans *Manon Lescaut*, la courtisane qui est
bonne fille, immorale par le besoin du luxe,
mais affectueuse par instinct, capable à la
fin de payer d'un amour égal l'amour absolu
qui pour elle a fait tous les sacrifices, est un
type si visiblement durable, que George Sand
dans *Léone Léoni* et Victor Hugo dans *Marion
Delorme*, l'ont repris pour le mettre en scène en
retournant les rôles ou en changeant le moment. — De Foë a écrit deux cents volumes et
Cervantès je ne sais combien de drames et de
nouvelles, l'un avec la vraisemblance de dé-

tails, la minutie, l'exactitude sèche d'un puritain
homme d'affaires, l'autre avec l'invention, le
brillant, l'insuffisance, la générosité d'un Espagnol aventurier et chevalier : il reste de l'un
Robinson Crusoé et de l'autre *Don Quichotte*.
C'est que Robinson est d'abord le véritable
Anglais, tout pétri des profonds instincts de
la race encore visibles dans le matelot et le
squatter de son pays, violent et roide dans ses
résolutions, protestant et biblique de cœur,
avec ces sourdes fermentations d'imagination
et de conscience qui amènent la crise de la
conversion et de la grâce, énergique, obstiné,
patient, infatigable, né pour le travail, capable
de défricher et de coloniser des continents;
c'est que le même personnage, outre le caractère national, offre aux yeux la plus grande
épreuve de la vie humaine et l'abrégé de toute
l'invention humaine, en montrant l'individu
arraché à la société civilisée et contraint de
retrouver par son effort solitaire tant d'arts et
tant d'industries dont les bienfaits l'entourent
comme l'eau entoure un poisson, à toute heure

et à son insu. — Pareillement, dans *Don Quichotte*, vous voyez d'abord l'Espagnol chevaleresque et malade d'esprit, tel que huit siècles de croisades et de rêves exagérés l'avaient fait, mais, en outre, un des personnages éternels de l'histoire humaine, l'idéaliste héroïque, sublime, songe-creux, maigre et battu ; et tout en regard, pour fortifier l'impression, le lourdaud sensé, positiviste, vulgaire et gras. —Vous citerai-je encore un de ces personnages immortels dans lesquels une race et une époque se reconnaissent, et dont le nom devient un des mots courants de la langue, le Figaro de Beaumarchais, sorte de Gil Blas plus nerveux et plus révolutionnaire que l'autre? Et pourtant l'auteur n'était qu'un homme de talent ; il était trop pétillant d'esprit pour créer, comme Molière, des âmes vivantes ; mais un jour, se peignant luimême avec sa gaieté, ses expédients, ses irrévérences, ses reparties, son courage, sa bonté foncière, sa verve inépuisable, il a peint, sans le vouloir, le portrait du vrai Français, et son talent s'est élevé jusqu'au génie. —La contre-épreuve a été faite, et il y a des cas où le génie est descendu jusqu'au talent. Tel écrivain, qui sait dresser en pied et faire mouvoir les plus grands personnages, laisse, dans son peuple de figures, un groupe de créatures non viables qui, au bout d'un siècle, semblent mortes ou choquantes, que le ridicule atteint, dont tout l'intérêt est pour les antiquaires et les historiens. Par exemple les amoureux de Racine sont des marquis; pour tout caractère, ils ont de bonnes façons; l'auteur arrangeait leurs sentiments pour ne pas déplaire aux «petits-maîtres»; il les faisait galants, entre ses mains ils devenaient des poupées de cour; encore aujourd'hui, les étrangers, même instruits, ne peuvent supporter M. Hippolyte et M. Xipharès. — Pareillement, dans Shakspeare, les clowns n'amusent plus et les jeunes gentilshommes paraissent extravagants; il faut être critique et curieux de profession pour se mettre au point de vue; leurs jeux de mots rebutent, leurs métaphores sont inintelligibles; leur galimatias prétentieux est une convention du xvie siècle comme la tirade

épurée est une bienséance du xvii° siècle. Ce
sont là aussi des personnages de mode; le dehors et l'effet du moment sont si prédominants
en eux que le reste disparaît. — Vous voyez,
par cette double expérience, l'importance des
caractères profonds et durables, puisque leur
manque rabaisse au second rang une œuvre de
grand homme, et que leur présence élève l'œuvre d'un talent moindre au premier rang.

C'est pourquoi, si l'on parcourt les grandes
œuvres littéraires, on trouvera que toutes manifestent un caractère profond et durable, et
que leur place est d'autant plus haute que ce
caractère est plus durable et plus profond. Elles
sont des résumés qui présentent à l'esprit sous
une forme sensible tantôt les traits principaux
d'une période historique, tantôt les instincts et
les facultés primordiales d'une race, tantôt
quelque fragment de l'homme universel et ces
forces psychologiques élémentaires qui sont les
dernières raisons des événements humains.
Nous n'avons pas besoin, pour nous en con-
vaincre, de passer en revue les diverses littéra-

tures. Il vous suffira de remarquer l'emploi
que l'on fait aujourd'hui des œuvres littéraires
en histoire. C'est par elles que l'on supplée à
l'insuffisance des mémoires, des constitutions et
des pièces diplomatiques; elles nous montrent,
avec une clarté et une précision étonnantes, les
sentiments des diverses époques, les instincts et
les aptitudes des diverses races, tous les grands
ressorts cachés dont l'équilibre maintient les
sociétés et dont le désaccord amène les révolutions. L'histoire positive et la chronologie de
l'Inde ancienne sont presque nulles; mais ses
poëmes héroïques et sacrés nous restent, et nous
y voyons son âme à nu, je veux dire l'espèce
et l'état de son imagination, l'énormité et la
liaison de ses rêves, la profondeur et le trouble
de ses divinations philosophiques, le principe
intérieur de sa religion et de ses institutions.
— Considérez l'Espagne à la fin du xvie siècle
et au commencement du xviie; si vous lisez
Lazarille de Tomès et les romans picaresques,
si vous étudiez le théâtre de Lope, de Calderon
et des autres dramatistes, vous verrez surgir

devant vous deux figures vivantes, le gueux et
le cavalier, qui vous montreront toutes les misères, toutes les grandeurs et toute la folie de
cette étrange civilisation. — Plus l'œuvre est
belle et plus les caractères qu'elle manifeste
sont intimes. On pourrait extraire de Racine
tout le système des sentiments monarchiques de
notre xviie siècle, le portrait du roi, de la reine,
des enfants de France, des courtisans nobles,
des dames d'honneur et des prélats, toutes les
idées maîtresses du temps, fidélité féodale,
honneur chevaleresque, sujétion d'antichambre,
politesse de palais, dévouement de sujet et de
domestique, perfection des manières, empire et
tyrannie des bienséances, délicatesses artifi-
cielles et naturelles de langage, de cœur, de
christianisme et de morale, bref les habitudes
et les sentiments qui composent les principaux
traits de l'ancien régime. — Nos deux grandes
épopées modernes, la *Divine comédie* et *Faust,*
sont l'abrégé des deux grandes époques de l'histoire européenne. L'une montre la façon dont le
moyen âge a envisagé la vie, l'autre la façon

dont nous l'envisageons. L'une et l'autre expriment la plus haute vérité que deux esprits souverains, chacun dans leur temps, aient atteinte.
Le poëme de Dante est la peinture de l'homme
qui, ravi hors de ce monde éphémère, parcourt
le monde surnaturel, seul définitif et subsistant;
il y monte conduit par deux puissances, l'amour
exalté qui est alors le roi de la vie humaine et
la théologie exacte qui est alors la reine de la
pensée spéculative; son rêve, tour à tour horri-
ble et sublime, est l'hallucination mystique qui
semble alors l'état parfait de l'esprit humain.
Le poëme de Gœthe est la peinture de l'homme
qui, promené à travers la science et la vie, s'y
meurtrit, s'en dégoûte, erre et tâtonne, s'établit enfin avec résignation dans l'action pratique, sans que jamais, parmi tant d'expériences
douloureuses et de curiosités inassouvies, il
cesse d'entrevoir sous son voile légendaire ce
royaume supérieur des formes idéales et des
forces incorporelles au seuil duquel la pensée
s'arrête et que les divinations du cœur peuvent
seules pénétrer. — Entre tant d'œuvres accom-

plies qui manifestent le caractère essentiel d'une
époque ou d'une race, il en est qui, par une
rencontre rare, expriment en outre quelque
sentiment, quelque type commun à presque
tous les groupes de l'humanité ; tels sont les
Psaumes hébreux, qui mettent l'homme mono-
théiste en face du Dieu tout-puissant, roi et
justicier ; l'*Imitation*, qui montre l'entretien de
l'âme tendre avec le Dieu affectueux et conso-
lateur ; les poëmes d'Homère et les *Dialogues*
de Platon, qui représentent la jeunesse héroïque de l'homme agissant ou la charmante
adolescence de l'homme pensant ; presque toute
cette littérature grecque, qui eut le privilége
de représenter les sentiments sains et simples ;
Shakspeare enfin, le plus grand des créateurs
d'âmes, le plus profond des observateurs de
l'homme, le plus clairvoyant de tous ceux qui ont
compris le mécanisme des passions humaines, les
fermentations sourdes et les explosions violentes
de la cervelle imaginative, les détraquements
imprévus de l'équilibre intérieur, les tyrannies
de la chair et du sang, les fatalités du carac-

tère et les causes obscures de notre folie ou de notre raison. *Don Quichotte, Candide, Robinson Crusoé*, sont des livres d'une portée pareille. Les œuvres de cette espèce survivent au siècle et au peuple qui les ont produites. Elles débordent au delà des limites ordinaires du temps et de l'espace; partout où se trouve un esprit qui pense, elles sont comprises; leur popularité est indestructible et leur durée indéfinie. Dernière preuve de la correspondance qui lie les valeurs morales aux valeurs littéraires, et du principe qui ordonne les œuvres d'art au-dessous ou au-dessus les unes des autres suivant l'importance, la stabilité, la profondeur du caractère historique ou psychologique qu'elles ont exprimé.

IV

Il nous reste à construire une échelle semblable pour l'homme physique et pour les arts qui le représentent, j'entends la sculpture et notamment la peinture ; selon la même méthode, nous chercherons d'abord quels sont, dans l'homme physique, les caractères les plus stables, puisque ce sont les plus importants.

Il est clair d'abord que l'habit à la mode est un caractère fort secondaire ; il change tous les deux ans, ou tout au moins tous les dix ans. Il en est de même du vêtement pris en général ; c'est un dehors et un décor ; on peut l'ôter en un tour de main ; l'essentiel, dans le corps vivant, c'est le corps vivant lui-même ; le reste est accessoire et artificiel. — D'autres caractères qui, cette fois, appartiennent au corps lui-même, sont aussi d'importance médiocre ; ce sont les particularités de profession et de métier. Un forgeron a d'autres bras qu'un avocat ; un officier marche autrement qu'un prêtre ; un villageois qui travaille tout le jour au soleil a d'autres muscles, une autre couleur de peau, une autre courbure d'échine, un autre plissement de front, une autre allure qu'un homme de la ville, enfermé dans ses salons ou dans ses

4.

bureaux. Sans doute ces caractères ont une certaine solidité; l'homme les garde toute sa vie;
une fois contracté, le pli persiste; mais un accident très-léger a suffi pour les produire et un
autre accident non moins léger eût suffi pour les
ôter. Ils ont pour unique cause un hasard de nais-
sance et d'éducation; changez l'homme de condition et de milieu, vous trouverez en lui des
particularités contraires; le citadin élevé en
paysan aura la tournure d'un paysan, et le
paysan élevé en citadin la tournure d'un citadin.
Là marque d'origine qui subsistera après trente
ans d'éducation ne sera visible, si elle subsiste,
qu'au psychologue et au moraliste; le corps n'en
gardera que des traits imperceptibles, et les caractères intimes et stables qui sont son essence
composent une couche bien plus profonde, que
ces causes passagères n'atteignent pas.

D'autres influences qui sont prépondérantes
sur l'âme ne laissent qu'une faible empreinte
sur le corps; je veux parler des époques historiques. Le système des idées et des sentiments
qui occupaient une tête humaine sous Louis XIV

était tout autre qu'aujourd'hui, mais la charpente corporelle ne différait guère; tout au plus, en consultant les portraits, les statues et les estampes, vous pouvez découvrir alors une habitude plus grande des attitudes mesurées et nobles. Ce qui varie le plus, c'est le visage; une figure de la Renaissance, telle que nous la voyons dans les portraits du Bronzino ou de Van Dyck, est plus énergique et plus simple qu'une figure moderne; depuis trois siècles, la multitude des idées nuancées et changeantes dont nous sommes remplis, la complication de nos goûts, l'inquiétude fiévreuse de la pensée, l'exagération de la vie cérébrale, la tyrannie du travail continu, ont affiné, troublé et tourmenté l'expression et le regard. Enfin, si l'on prend des périodes longues, on pourra découvrir une certaine altération de la tête elle-même; les physiologistes qui ont mesuré des crânes du xii⁰ siècle leur ont trouvé une capacité moindre qu'aux nôtres. Mais l'histoire, qui tient un registre si exact des variations morales, ne constate qu'en bloc et très-imparfaitement les variations physiques. C'est que la même altération de l'animal humain, énorme au moral, est très-mince au physique; une imperceptible modification du cerveau fait un fou, un imbécile ou un homme de génie; une révolution sociale qui, au bout de deux ou trois siècles, renouvelle tous les ressorts de l'esprit et de la volonté, ne fait qu'effleurer les organes, et l'histoire, qui nous fournit les moyens de subordonner les uns aux autres les caractères de l'âme, ne nous fournit pas les moyens de subordonner les uns aux autres les caractères du corps.

Il nous faut donc prendre une autre voie, et ici encore c'est le principe de subordination des caractères qui nous conduit. Vous avez vu que lorsqu'un caractère est plus stable, c'est qu'il est plus élémentaire; sa durée a pour cause sa profondeur. Cherchons donc dans le corps vivant les caractères propres aux éléments, et pour cela rappelez-vous un modèle tel que vous en avez sous les yeux dans vos salles d'étude. Voilà un homme nu; qu'y a-t-il de commun

dans toutes les portions de cette surface ani-
mée? Quel est l'élément qui, répété et diversifié,
se retrouve à chaque fragment de l'ensemble?
— Au point de vue de la forme, c'est un os
muni de tendons et revêtu de muscles, ici l'omo-
plate et la clavicule, là le fémur et l'os des hanches; plus haut, la colonne des vertèbres et
le crâne, chacun avec ses articulations, ses
creux, ses saillies, son aptitude à servir de
point d'appui ou de levier, et ces torsades de
chair rétractile qui tour à tour se relâchent et
se tendent pour lui communiquer ses différentes positions et ses divers mouvements. Un
squelette articulé et un revêtement de muscles,
tous logiquement enchaînés, superbe et savante
machine d'action et d'effort : voilà le fond de
l'homme visible. Si maintenant vous tenez
compte, en le considérant, des modifications que
la race, le climat et le tempérament y introduisent, mollesse ou dureté des muscles, proportions diverses des parties, élancement ou rentas-
sement de la taille et des membres, vous aurez
en main toute la charpente intime du corps,

telle que la saisit la sculpture ou le dessin. —
Sur l'écorché s'étend une seconde enveloppe,
commune aussi à toutes les parties, la peau à
papilles frémissantes, vaguement bleuie par le la-
cis des petites veines, vaguement jaunie par l'af-
fleurement des gaînes tendineuses, vaguement
rougie par l'afflux du sang, nacrée au contact
des aponévroses, tantôt lisse et tantôt striée,
d'une richesse et d'une variété incomparables de
tons, lumineuse dans l'ombre, toute palpitante à
la lumière, trahissant par sa sensibilité nerveuse
les délicatesses de la pulpe molle et le renouvellement de la chair coulante dont elle est le voile
transparent. Si outre cela vous remarquez les
diversités que la race, le climat, le tempérament
y apportent, si vous notez comment, chez le
lymphatique, le bilieux ou le sanguin, elle se
trouve tantôt tendre, flasque, rosée, blanche,
blafarde, tantôt ferme, consistante, ambrée,
ferrugineuse, vous tiendrez le second élément
de la vie visible, celui qui est le domaine du
peintre et que le coloriste seul peut exprimer.
Ce sont là les caractères intimes et profonds de

l'homme physique, et je n'ai pas besoin de
montrer qu'ils sont stables, puisqu'ils sont inséparables de l'individu vivant.

V

A cette échelle de valeurs physiques correspond, échelon par échelon, une échelle de
valeurs plastiques. Toutes choses égales d'ailleurs, selon que le caractère mis en lumière
par un tableau ou une statue est plus ou moins
important, ce tableau et cette statue sont plus
ou moins beaux. C'est pourquoi au plus bas
rang vous trouvez ces dessins, ces aquarelles,
ces pastels, ces statuettes qui dans l'homme
peignent non pas l'homme, mais le vêtement,
surtout le vêtement du jour. Les *Revues* illus-
trées en sont pleines; ce sont presque des gra-
vures de mode; le costume s'y étale dans toutes
ses exagérations : tailles de guêpe, jupes mons-

trueuses, coiffures surchargées et fantastiques;
l'artiste ne tient pas compte de la déformation
du corps humain ; ce qui lui plaît, c'est l'élégance du moment, le luisant des étoffes, la cor-
rection des gants, la perfection du chignon. A
côté des journalistes de la plume, il est le jour-
naliste du crayon ; il peut avoir beaucoup de
talent et d'esprit, mais il ne s'adresse qu'à un
goût passager ; dans vingt ans ses habits seront
démodés. Beaucoup d'esquisses de ce genre
qui, en 1830, étaient vivantes, ne sont plus
aujourd'hui qu'historiques ou grotesques.
Nombre de portraits, dans nos expositions an-
nuelles, ne sont que le portrait d'une robe, et, à
côté des peintres de l'homme, il y a les peintres
de la moire antique et du satin.

D'autres peintres, quoique supérieurs à ceux-
ci, restent encore sur les degrés inférieurs de
l'art; ou plutôt ils ont du talent à côté de leur
art; ce sont des observateurs dépaysés, nés pour
faire des romans et des études de mœurs, et
qui, au lieu d'une plume, ont un pinceau à la
main. Ce qui les frappe, ce sont les particula-

rités de métier, de profession, d'éducation, l'empreinte du vice ou de la vertu, de la passion ou de l'habitude : Hogarth, Wilkie, Mulready, et quantité de peintres anglais ont eu ce don si peu pittoresque et si littéraire. Dans l'homme physique, ils ne voient que l'homme moral ; chez eux la couleur, le dessin, la vérité et la beauté du corps vivant sont subordonnés. Il s'agit pour eux, de représenter avec des formes, des attitudes et des couleurs, tantôt la frivolité d'une dame à la mode, tantôt la douleur honnête d'un vieil intendant, tantôt l'avilissement d'un joueur, vingt petits drames ou comédies de la vie réelle, tous instructifs ou divertissants, presque tous destinés à inspirer de bons sentiments ou à corriger des travers. A proprement parler, ils ne peignent que des âmes, des esprits, des émotions ; ils appuient si fort de ce côté, qu'ils outrent ou roidissent la forme ; maintes fois leurs tableaux sont des caricatures, et toujours ce sont des illustrations, les illustrations d'une idylle de village ou d'un roman d'intérieur que Burns, Fielding ou Dickens auraient dû écrire. Les mêmes préoccupa-

tions les suivent quand ils traitent des sujets
historiques; ils les traitent non en peintres, mais
en historiens, pour montrer les sentiments moraux d'un personnage et d'une époque, le regard
de lady Russell qui voit son mari condamné à
mort recevoir pieusement l'hostie, le désespoir
d'Édith au cou de cygne qui retrouve Harold
parmi les morts d'Hastings. Composée de ren-
seignements archéologiques et de documents
psychologiques, leur œuvre ne s'adresse qu'à
des archéologues et à des psychologues, ou du
moins à des curieux et à des philosophes. Tout
au plus elle fait l'office d'une satire ou d'un
drame; le spectateur est tenté de rire ou de
pleurer comme au cinquième acte d'une pièce
de théâtre. Mais, visiblement, il n'y a là qu'un
genre excentrique; c'est un empiétement de la
peinture sur la littérature, ou plutôt une invasion de la littérature dans la peinture. Nos
artistes de 1830, Delaroche au premier rang,
sont tombés, quoique moins gravement, dans la
même erreur. La beauté d'une œuvre plastique
est avant tout plastique, et toujours un art s'a-

baisse quand, laissant de côté les moyens d'in-
téresser qui lui sont propres, il emprunte ceux
d'un autre art.

J'arrive au grand exemple qui réunit en lui
tous les autres : il s'agit de l'histoire générale
de la peinture, et d'abord de la peinture italienne
que je vous expose depuis trois ans. Une suite
d'épreuves et de contre-épreuves y montrent pendant cinq cents années l'importance pittoresque
du caractère que la théorie pose comme l'essence de l'homme physique. A un certain moment, l'animal humain, la charpente osseuse
revêtue de muscles, la chair et la peau colorées
et sensibles ont été comprises et animées pour
elles-mêmes et au-dessus du reste : c'est la
grande époque ; les œuvres qu'elle nous a lais-
sées passent, au jugement de tous, pour les
plus belles ; toutes les écoles y vont chercher
des modèles et des enseignements. A d'autres
époques, le sentiment du corps est tantôt insuffisant, tantôt mêlé d'autres préoccupations,
subordonné à d'autres préférences : ce sont les
époques d'enfance, d'altération ou de décadence;

si bien doués que soient les artistes, ils ne font
alors que des œuvres inférieures ou secondaires;
leur talent s'applique mal, ils n'ont pas saisi ou
ils ont mal saisi le caractère fondamental de
l'homme visible. Ainsi partout la valeur de
l'œuvre est proportionnelle à la domination
de ce caractère; avant tout, pour l'écrivain, il
s'agit de faire des âmes vivantes; avant tout,
pour le sculpteur et le peintre, il s'agit de faire
des corps vivants. C'est d'après ce principe que
vous avez vu se classer les périodes successives
de l'art. De Cimabue à Masaccio, le peintre
ignore la perspective, le modelé, l'anatomie; il
n'entrevoit le corps palpable et solide qu'à travers un voile; la consistance, la vitalité, la
structure active, les muscles agissants du tronc
et des membres ne l'intéressent pas; les personnages chez lui sont des contours et des ombres
d'hommes, parfois des âmes glorifiées et incorporelles. Le sentiment religieux prime l'instinct
plastique; il figure aux yeux des symboles théologiques chez Taddeo Gaddi, des moralités chez
Orcagna, des visions séraphiques chez Beato

Angelico. Le peintre, arrêté par l'esprit du
moyen âge, demeure et tâtonne longtemps à la
porte du grand art. —Quand il y entre, c'est par
la découverte de la perspective, par la recherche
du relief, par l'étude de l'anatomie, par l'emploi
de l'huile, avec Paolo Uccello, Masaccio, Fra
Filippo Lippi, Antonio Pollaiolo, Verocchio,
Ghirlandajo, Antonello de Messine, presque
tous élevés dans une boutique d'orfèvre, amis
ou successeurs de Donatello, Ghiberti et des
autres grands sculpteurs du temps, tous pas-
sionnés pour l'étude du corps humain, tous
admirateurs païens des muscles et de l'énergie
animale, si pénétrés par le sentiment de la vie
physique que leurs œuvres, quoique frustes,
roides et entachées d'imitation littérale, leur
assignent une place unique, et aujourd'hui encore gardent tout leur prix. Les maîtres qui les
ont surpassés n'ont fait que développer leur
principe; la glorieuse école de la renaissance
florentine les reconnaît pour les fondateurs :
Andrea del Sarto, Fra Bartholomeo, Michel-
Ange, sont leurs élèves; Raphaël est venu étu-

dier chez eux, et la moitié de son génie leur appartient. Là est le centre de l'art italien et du grand art. L'idée maîtresse de tous ces maîtres est celle du corps vivant, sain, énergique, actif, doué de toutes les aptitudes athlétiques et animales. « Le point important dans l'art du dessin, » dit Cellini, est de bien faire un homme et une » femme nus. » Et il parle avec enthousiasme des admirables os de la tête ; « des omoplates » qui, lorsque le bras fait un effort, dessinent » des traits d'un magnifique effet ; des cinq » fausses côtes, qui, lorsque le torse se penche » en avant ou en arrière, forment autour du » nombril des creux et des reliefs merveilleux. » « Tu dessineras alors l'os qui est placé entre les » deux hanches, il est très-beau et s'appelle » croupion et sacrum. » Un des élèves de Verocchio, Nanni Grosso, mourant à l'hôpital, refusa un crucifix ordinaire qu'on lui présentait et s'en fit apporter un de Donatello, disant que « sinon » il mourrait désespéré, tant lui déplaisaient les » ouvrages mal faits de son art». Luca Signorelli, ayant perdu un fils bien-aimé, fit dépouiller le cadavre et en dessina minutieusement tous les muscles; ils étaient pour lui l'essentiel de l'homme, et il imprimait dans sa mémoire ceux de son enfant. — A ce moment, un seul pas reste encore à faire pour achever l'homme physique : il faut insister davantage sur l'enveloppe de l'écorché, sur la mollesse et le ton de la peau vivante, sur la vitalité délicate et variée de la chair sensible : Corrége et les Vénitiens font ce dernier pas, et l'art s'arrête. — Désormais sa floraison est complète, le sentiment du corps humain a trouvé toute son expression. Il faiblit peu à peu; on le voit s'amoindrir, perdre une portion de sa sincérité et de son sérieux sous Jules Romain, le Rosso, le Primatice, puis dégénérer en convention d'école, en tradition d'académie, en recette d'atelier. A partir de ce moment, malgré la bonne volonté studieuse des Carrache, l'art s'altère; il devient moins plastique et plus littéraire. Les trois Carrache, leurs élèves ou leurs successeurs, Dominiquin, Guide, Guerchin, le Baroche, cherchent les effets dramatiques, les martyres sanglants, les scènes

attendrissantes, les expressions sentimentales.
Les fadeurs du sigisbéisme et de la dévotion se
mêlent aux réminiscences du style héroïque.
Sur des corps athlétiques et des musculatures
agitées, vous voyez des têtes gracieuses et des
sourires béats. Les airs et les miévreries du
monde percent dans les Madones rêveuses, dans
les jolies Hérodiades, dans les séduisantes Made-
leines que commande le goût du jour. La peinture, qui décline, essaye de rendre les nuances
que l'opéra naissant va exprimer. L'Albane est
un peintre de boudoir; Dolci, Cigoli, Sassofer-
rato sont des âmes délicates, presque modernes.
Avec Pietro de Cortone et Luca Giordano, les
grandes scènes de la légende chrétienne ou
païenne se changent en agréables mascarades
de salon; l'artiste n'est plus qu'un improvisa-
teur brillant, amusant, à la mode, et la peinture finit en même temps que la musique commence, quand l'attention humaine cesse de
considérer les énergies du corps pour se tourner
vers les émotions du cœur.

Si maintenant vous regardez les grandes

écoles étrangères, vous trouverez que leur
floraison et leur excellence ont eu pour condition
la domination du même caractère, et que le
même sentiment de la vie physique a suscité,
au delà des monts et en Italie, les chefs-d'œuvre
de l'art. Ce qui distingue les écoles entre
elles, c'est que chacune représente un tempérament, le tempérament de son climat et de son
pays. Le génie des maîtres consiste à faire une race
de corps ; à ce titre, ils sont physiologistes comme
les écrivains sont psychologues ; ils montrent
toutes les conséquences et toutes les variétés
du tempérament bilieux, lymphatique, nerveux
ou sanguin, comme les grands romanciers et
les grands dramatistes montrent tous les contre-
coups et toutes les diversités de l'âme imaginative, raisonneuse, civilisée ou inculte. Vous
avez vu chez les artistes florentins le type allongé, élancé, musculeux, aux instincts nobles,
aux aptitudes gymnastiques, tel qu'il peut se
dégager dans une race sobre, élégante, active,
d'esprit fin, et dans un pays sec. Je vous ai
montré dans les artistes vénitiens les formes

arrondies, onduleuses et régulièrement épa-
nouies, la chair ample et blanche, les cheveux
roux ou blonds, le type sensuel, spirituel, heureux, tel qu'il peut se dégager dans un pays lumi-
neux et humide, parmi des Italiens que leur climat rapproche des Flamands, et qui sont poëtes
en matière de volupté. Vous pouvez voir dans Rubens le Germain blanc ou blafard, rosé ou rougeaud, lymphatique, sanguin, carnassier, grand
mangeur, l'homme de la contrée septentrionale et
aquatique, grandement taillé mais non dégrossi;
de forme irrégulière et débordante, plantureux
de chair, brutal et débridé d'instincts, dont la
pulpe flasque rougit subitement par l'afflux des
émotions, s'altère aisément au contact des intempéries et se défait horriblement sous la main
de la mort. Les peintres espagnols mettront
devant vos yeux le type de leur race, l'animal
sec, nerveux, aux muscles fermes, durci par la
bise de ses sierras et la brûlure de son soleil,
tenace et indomptable, tout bouillonnant de
passions comprimées, tout ardent d'un feu intérieur, noir, austère et séché, parmi des tons

heurtés d'étoffes sombres et de fumées char-
bonneuses qui tout d'un coup s'entr'ouvrent pour
laisser voir un rose délicieux, une pourpre vive
de jeunesse, de beauté, d'amour, d'enthousiasme, épanouie sur des joues en fleur. Plus
l'artiste est grand, plus il manifeste profondément le tempérament de sa race : sans s'en
douter, il fournit comme le poëte les plus fruc-
tueux documents à l'histoire; il extrait et
amplifie l'essentiel de l'être physique, comme
l'autre extrait et amplifie l'essentiel de l'être
moral, et l'historien démêle par les tableaux la
structure et les instincts corporels d'un peuple,
comme il démêle par les lettres la structure
et les aptitudes spirituelles d'une civilisation.

VI

La concordance est donc complète, et les
caractères apportent avec eux dans l'œuvre d'art
la valeur qu'ils ont déjà dans la nature. Selon

qu'ils possèdent par eux-mêmes une valeur plus
ou moins grande, ils communiquent à l'œuvre
une valeur plus ou moins grande. Quand ils tra-
versent l'intelligence de l'écrivain ou de l'artiste
pour passer du monde réel dans le monde idéal,
ils ne perdent rien de ce qu'ils sont; ils se retrouvent après le voyage les mêmes qu'avant le
voyage; ils sont comme auparavant des forces
plus ou moins grandes, plus ou moins résistantes
à l'attaque, capables d'effets plus ou moins vastes
et profonds. On comprend maintenant pourquoi
la hiérarchie des œuvres d'art répète leur hiérarchie. Au sommet de la nature sont des puissances souveraines qui maîtrisent les autres;
au sommet de l'art sont des chefs-d'œuvre
qui dépassent les autres; les deux cimes sont
de niveau et les puissances souveraines de
la nature s'expriment par les chefs-d'œuvre
de l'art.

§ II

LE DEGRÉ DE BIENFAISANCE DU CARACTÈRE

. Il est un second point de vue auquel on doit
comparer les caractères. Ils sont des forces naturelles, et à ce titre ils peuvent être évalués de
deux façons : on peut considérer une force d'a-
bord par rapport aux autres, ensuite par rapport à elle-même. Considérée par rapport aux
autres, elle est plus grande lorsqu'elle leur
résiste et les annule. Considérée par rapport
à elle-même, elle est plus grande lorsque le
cours de ses effets la conduit, non pas à s'annuler, mais à s'accroître. Elle trouve ainsi deux
mesures parce qu'elle est soumise à deux épreuves, d'abord en subissant l'effet des autres
forces, ensuite en subissant son propre effet.

Un premier examen nous a montré la première
épreuve, et le rang plus ou moins haut que reçoivent les caractères, selon qu'ils sont plus ou
moins durables, et que, livrés à l'attaque des
mêmes causes destructives, ils subsistent plus
intacts et plus longtemps. Un second examen
va nous montrer la seconde épreuve, et la place
plus ou moins élevée qu'obtiennent les caractères, suivant que, livrés à eux-mêmes, ils aboutissent plus ou moins complétement à leur
anéantissement ou à leur développement propre,
par l'anéantissement ou le développement de
l'individu et du groupe dans lequel ils sont compris. Dans le premier cas, nous sommes des-
cendus, degré par degré, vers ces puissances élémentaires qui sont le principe de la nature, et
vous avez vu la parenté de l'art avec la science.
Dans le second cas, nous monterons, degré par
degré, vers ces formes supérieures qui sont le
but de la nature, et vous verrez la parenté de
l'art avec la morale. Nous avons considéré les
caractères selon qu'ils sont plus ou moins
importants; nous allons considérer les carac-

tères selon qu'ils sont plus ou moins *bienfaisants*.

I

Commençons par l'homme moral et par les
œuvres d'art qui l'expriment. Il est manifeste
que les caractères dont il est doué sont plus ou
moins bienfaisants ou malfaisants, ou mixtes.
Nous voyons tous les jours des individus et des
sociétés prospérer, accroître leur puissance,
échouer dans leurs entreprises, se ruiner,
périr; et chaque fois, si l'on prend leur vie en
bloc, on trouve que leur chute s'explique par
quelque vice de structure générale, par l'exagération d'une tendance, par la disproportion
d'une situation et d'une aptitude, de même que
leur succès a pour cause la stabilité de l'équilibre intime, la modération d'une convoitise ou
l'énergie d'une faculté. Dans le courant tempê-
tueux de la vie, les caractères sont des poids
ou des flotteurs qui tantôt nous font couler à

fond, tantôt nous maintiennent à la surface.
Ainsi s'établit une seconde échelle; les caractères s'y classent selon qu'ils nous sont plus ou
moins nuisibles ou salutaires, par la grandeur
de la difficulté ou de l'aide qu'ils introduisent
dans notre vie pour la détruire ou la con-
server.

Il s'agit donc de vivre, et pour l'individu la
vie a deux directions principales : ou il connaît,
ou il agit; c'est pourquoi on peut distinguer en
lui deux facultés principales, l'intelligence et la
volonté. D'où il suit que tous les caractères de la
volonté et de l'intelligence qui aident l'homme
dans l'action et la connaissance sont bienfaisants,
et les contraires malfaisants. Dans le philosophe
et le savant, c'est l'observation et la mémoire
exactes du détail jointes à la prompte divination
des lois générales et à la prudence méticuleuse
qui soumet toute supposition au contrôle des
vérifications prolongées et méthodiques. Dans
l'homme d'État et l'homme d'affaires, c'est un tact
de pilote toujours en alerte et toujours sûr, c'est
la ténacité du bon sens, c'est l'accommodation

incessante de l'esprit aux variations des choses,
c'est une sorte de balance intérieure prête à mesurer toutes les forces circonvoisines, c'est une imagination limitée et réduite aux inventions prati-
ques, c'est l'instinct imperturbable du possible et
du réel. Dans l'artiste, c'est la sensibilité délicate,
la sympathie vibrante, la reproduction intérieure
et involontaire des choses, la subite et originale
compréhension de leur caractère dominant avec
la génération spontanée de toutes les harmonies environnantes. Vous trouveriez pour chaque
espèce d'œuvre intellectuelle un groupe de dispositions analogues et distinctes. Ce sont là
autant de forces qui conduisent l'homme à son
but, et il est clair que chacune dans son domaine est bienfaisante, puisque son altération,
son insuffisance ou son absence, imposent à ce
domaine la sécheresse et la stérilité. — Pareillement, et dans le même sens, la volonté est
une puissance, et considérée en soi, elle est un
bien. On admire la fixité de la résolution qui,
une fois prise, persiste invincible au choc aigu
de la douleur physique, à la longue obsession

de la douleur morale, au trouble des ébranle-
ments subits, à l'attrait des séductions choisies, à
toutes les diversités de l'épreuve qui, par la violence ou la douceur, par le bouleversement de l'esprit ou par l'affaiblissement du corps, essaye de la
renverser. Quel que soit son soutien, extase des
martyrs, raison des stoïciens, insensibilité des sau-
vages, opiniâtreté native ou orgueil acquis, elle
est belle, et non-seulement toutes les portions
de l'intelligence, lucidité, génie, esprit, raison,
tact, finesse, mais encore toutes les portions
de la volonté, courage, initiative, activité, fer-
meté, sang-froid, sont les fragments de l'homme
idéal que nous cherchons maintenant à construire, parce qu'elles sont des lignes de ce caractère bienfaisant que nous avons d'abord tracé.

Il nous faut voir à présent cet homme dans
son groupe. Quelle est la disposition qui rendra sa vie bienfaisante pour la société dans
laquelle il est compris? Nous connaissons les
instruments intérieurs qui lui sont utiles; où
est le ressort intérieur qui le rendra utile à
autrui?

Il en est un qui est unique, c'est la faculté
d'aimer; car aimer, c'est avoir pour but le bonheur d'un autre, se subordonner à lui, s'employer et se dévouer à son bien. Vous recon-
naissez là le caractère bienfaisant par excellence;
il est visiblement le premier de tous dans l'é-
chelle que nous composons. Nous sommes tou-
chés à son aspect, quelle que soit sa forme,
générosité, humanité, douceur, tendresse, bonté
native; notre sympathie s'émeut en sa présence, quel que soit son objet, soit qu'il
constitue l'amour proprement dit, la donation
complète d'une personne humaine à une personne de l'autre sexe et l'union de deux vies con-
fondues en une seule, soit qu'il aboutisse aux
diverses affections de famille, celle des parents
et des enfants, celle du frère et de la sœur, soit
qu'elle produise la forte amitié, la parfaite confiance, la fidélité mutuelle de deux hommes
qui ne sont point liés entre eux par le sang.
Plus son objet est vaste, plus nous le trouvons
beau. C'est que sa bienfaisance s'étend avec le
groupe auquel elle s'applique. C'est pourquoi

dans l'histoire et dans la vie, nous réservons
notre admiration la plus haute pour les dévoue-
ments qui s'emploient au service des intérêts
généraux, pour le patriotisme, tel qu'on le vit à
Rome au temps d'Annibal, dans Athènes au
temps de Thémistocle, en France en 1792, en
Allemagne en 1813; pour le grand sentiment
de charité universelle qui conduisit les mission-
naires bouddhistes ou chrétiens chez les peuples barbares; pour ce zèle passionné qui a soutenu tant d'inventeurs désintéressés, et suscité
dans l'art, dans la science, dans la philosophie,
dans la vie pratique, toutes les œuvres et toutes
les institutions belles ou salutaires; pour toutes
ces vertus supérieures qui, sous le nom de pro-
bité, justice, honneur, capacité de sacrifice, subordination de soi-même à quelque haute idée
d'ensemble, développent la civilisation humaine,
et dont les stoïciens, Marc-Aurèle au premier
rang, ont donné à la fois le précepte et l'exemple. Je n'ai pas besoin de vous montrer comment, dans l'échelle ainsi construite, les caractères opposés occupent la place inverse. Il y a

longtemps que cet ordre a été trouvé : les nobles morales de la philosophie antique l'ont établi avec une sûreté de jugement et une simplicité de méthode incomparables ; avec un bon
sens tout romain, Cicéron l'a résumé dans son
traité *Des offices*. Si les âges postérieurs y ont
ajouté quelques développements, ils y ont introduit beaucoup d'erreurs ; et, dans la morale
comme dans l'art, c'est toujours chez les anciens qu'il nous faut chercher nos préceptes.
Les philosophes de ce temps disaient que le
stoïcien conformait sa raison et son âme à celles
de Jupiter (1) ; les hommes de ce temps auraient
pu souhaiter que Jupiter conformât sa raison et
son âme à celles du stoïcien.

II

A cette classification des valeurs morales
correspond, degré par degré, une classification

(1) Συζῆν θεοῖς.

des valeurs littéraires. Toutes choses égales
d'ailleurs, l'œuvre qui exprime un caractère
bienfaisant est supérieure à l'œuvre qui exprime
un caractère malfaisant. Deux œuvres étant
données, si toutes deux mettent en scène, avec le
même talent d'exécution, des forces naturelles
de la même grandeur, celle qui nous représente
un héros vaut mieux que celle qui nous représente un pleutre, et, dans cette galerie des œuvres d'art viables qui forment le musée définitif
de la pensée humaine, vous allez voir s'établir,
d'après notre nouveau principe, un nouvel
ordre de rangs.

Aux plus bas degrés sont les types que préfèrent la littérature réaliste et le théâtre comique,
je veux dire les personnages bornés, plats, sots,
égoïstes, faibles et communs. En effet, ce sont
ceux que présente la vie ordinaire ou qui peuvent fournir au ridicule. Nulle part vous n'en
trouverez un plus complet assemblage que dans
les *Scènes de la vie bourgeoise* d'Henri Monnier.
Presque tous les bons romans recrutent ainsi
leurs figures secondaires : le Sancho de *Don*

Quichotte, les escrocs râpés des romans picaresques, les squires, les théologiens et les servantes de Fielding, les lairds économes et les
prédicants aigres de Walter Scott, toute la po-
pulation inférieure qui grouille dans la *Comédie
humaine* de Balzac et dans le roman anglais
contemporain, nous en fourniront d'autres
échantillons. Ces écrivains, s'étant proposés de
peindre les hommes tels qu'ils sont, ont été obligés
de les peindre incomplets, mélangés, inférieurs,
la plupart du temps avortés dans leur caractère
ou rétrécis par leur condition. Quant au théâtre
comique, il suffit de citer Turcaret, Basile,
Orgon, Arnolphe, Harpagon, Tartuffe, George
Dandin, tous les marquis, tous les valets, tous
les pédants, tous les médecins de Molière ; c'est
le propre du comique d'étaler aux yeux l'insuffisance humaine. Mais les grands artistes auxquels les exigences de leur genre ou l'amour
de la vérité nue ont imposé l'étude de cette
triste espèce, ont couvert par deux artifices la
médiocrité et la laideur des caractères qu'ils
figuraient. Ou bien ils en font des accessoires

et des repoussoirs qui servent à mettre en relief
quelque figure principale : c'est le procédé le
plus fréquent des romanciers, et vous pouvez
l'étudier dans le *Don Quichotte* de Cervantes,
dans *Eugénie Grandet* de Balzac, dans *Madame
Bovary* de Gustave Flaubert. Ou bien ils tournent nos sympathies contre le personnage : ils
le font tomber de mésaventure en mésaventure,
ils excitent contre lui le rire désapprobateur
et vengeur, ils montrent avec intention les suites
malencontreuses de son insuffisance, ils chas-
sent et expulsent de la vie le défaut qui domine
en lui. Le spectateur devenu hostile se trouve
satisfait ; il éprouve le même plaisir à voir
écraser la sottise et l'égoïsme qu'à voir se dé-
ployer la bonté et la force : le bannissement
d'un mal vaut le triomphe d'un bien. C'est le
grand procédé des comiques ; mais les romanciers eux-mêmes en usent, et vous en verrez le
succès non-seulement dans les *Précieuses*,
l'*École des femmes*, les *Femmes savantes* et tant
d'autres pièces de Molière, mais encore dans le
Tom Jones de Fielding, dans le *Martin Chuzzle-*

witz de Dickens et dans la *Vieille Fille* de Balzac. Néanmoins le spectacle de ces âmes rapetissées ou boiteuses finit par laisser dans le lecteur un vague sentiment de fatigue, de dégoût, même d'irritation et d'amertume ; si elles sont très-nombreuses et occupent la principale place, on est écœuré. Sterne, Swift, les comiques anglais de la Restauration, beaucoup de comédies et de romans contemporains, les scènes d'Henri Monnier, finissent par rebuter ; l'admiration ou l'approbation du lecteur sont mêlées de répugnance : il est déplaisant de voir de la vermine, même quand on l'écrase, et nous demandons qu'on nous montre des créatures d'une pousse plus forte et d'un caractère plus haut.

A cet endroit de l'échelle se place une famille de types puissants, mais incomplets, et en général dépourvus d'équilibre. Une passion, une faculté, une disposition quelconque d'esprit ou de caractère s'est développée en eux avec un accroissement énorme, comme un organe hypertrophié, au détriment du reste, parmi toutes sortes de ravages et de douleurs. Tel est le thème

ordinaire des littératures dramatiques ou philosophiques ; car les personnages ainsi construits
sont les plus propres à fournir à l'écrivain les
événements touchants et terribles, les luttes et
es volte-face de sentiments, les déchirements
intérieurs dont il a besoin pour son théâtre ;
et d'autre part ils sont les plus propres à manifester, aux yeux du penseur, les mécanismes
de pensée, les fatalités de structure, toutes
les puissances obscures qui agissent en nous
sans que nous en ayons conscience, et qui
sont les souveraines aveugles de notre vie. Vous
les trouverez chez les tragiques grecs, espagnols
et français, chez lord Byron et Victor Hugo,
chez la plupart des grands romanciers, depuis
Don Quichotte jusqu'à *Werther* et *Madame
Bovary*. Tous ont montré la disproportion
de l'homme avec lui-même et avec le monde,
la domination d'une passion ou d'une idée
maîtresse : en Grèce, l'orgueil, la rancune, la
fureur guerrière, l'ambition meurtrière, la
vengeance filiale, tous les sentiments naturels
et spontanés ; en Espagne et en France, l'hon-

neur chevaleresque, l'amour exalté, la ferveur
religieuse, tous les sentiments monarchiques et
cultivés; et en Europe, de nos jours, la maladie
intérieure de l'homme mécontent de lui-même
et de la société. Mais nulle part cette race d'âmes
véhémentes et souffrantes ne s'est propagée en
espèces plus vigoureuses, plus complètes et plus
distinctes que chez les deux grands connaisseurs de l'homme, Shakspeare et Balzac. Ce
qu'ils peignent toujours de préférence, c'est la
force gigantesque, mais malfaisante à autrui ou
à elle-même. Dix fois sur douze, le principal
personnage est chez eux un maniaque ou un
scélérat; il est doué des facultés les plus fines
et les plus fortes, parfois des sentiments les plus
généreux et les plus délicats; mais, par un vice
de construction intérieure ou par un manque
de direction supérieure, ces puissances le conduisent à sa perte ou se déchaînent aux dépens
d'autrui : la superbe machine éclate, ou broie
les passants dans sa course. Comptez les héros de
Shakspeare, Coriolan, Hotspur, Hamlet, Lear,
Timon, Leontès, Macbeth, Othello, Antoine,

6.

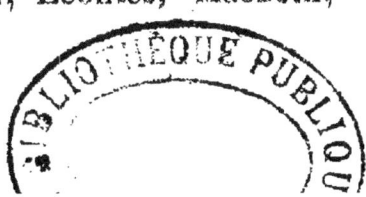

Cléopâtre, Roméo, Juliette, Desdémone, Ophé-
lia, les plus héroïques et les plus purs, tous emportés par la fougue de l'imagination aveugle,
par le frémissement de la sensibilité folle, par la
tyrannie de la chair et du sang, par l'hallucination des idées, par l'afflux irrésistible de la colère
ou l'amour; joignez-y les âmes dénaturées et
carnassières qui se lancent comme des lions dans
le troupeau des hommes, Iago, Richard III,
Lady Macbeth, tous ceux qui ont fait sortir de
leurs veines « la dernière goutte du lait de la
nature humaine »; et vous trouverez dans
Balzac les deux groupes de figures correspondantes, d'un côté les monomanes, Hulot, Claës,
Goriot, le cousin Pons, Louis Lambert, Grandet,
Gobseck, Sarrazine, Frauenhofer, Gambara,
collectionneurs, amoureux, artistes et avares; de
l'autre les bêtes de proie, Nucingen, Vautrin,
du Tillet, Philippe Bridau, Rastignac, du
Marsay, les Marneffe mâle et femelle, usuriers,
escrocs, courtisanes, ambitieux, gens d'affaires,
partout des espèces puissantes et monstrueuses,
nées de la même conception que celles de

Shakspeare, mais par un enfantement plus
laborieux, dans un air déjà respiré et vicié par
trop de générations humaines, avec un sang
moins jeune et toutes les déformations, toutes
les maladies, toutes les tares d'une vieille civilisation. Ce sont là les œuvres littéraires les
plus profondes; elles manifestent mieux que les
autres les caractères importants, les forces élémentaires, les couches profondes de la nature
humaine. On éprouve en les lisant une sorte
d'émotion grandiose, celle d'un homme introduit dans le secret des choses, admis à contem-
pler les lois qui gouvernent l'âme, la société et
l'histoire. Néanmoins l'impression qu'on en
garde est pénible : on a vu trop de misères
et trop de crimes; les passions développées et
entre-choquées à outrance, ont étalé trop de
ravages. Avant d'entrer dans le livre, nous regar-
dions les objets par leurs dehors, paisiblement,
machinalement, comme un bourgeois qui assiste
à quelque défilé de troupes accoutumé et monotone. L'écrivain nous a pris par la main et
nous a conduits sur le champ de bataille; nous

voyons les armées se heurter sous la mitraille, et couvrir le sol de leurs morts.

Montons encore un degré, et nous arrivons aux personnages accomplis, aux héros véritables. On en trouve plusieurs dans la littérature dramatique et philosophique dont je viens de vous parler. Shakspeare et ses contemporains ont multiplié les images parfaites de l'innocence, de la bonté, de la vertu, de la délicatesse féminines; à travers toute la suite des siècles leurs conceptions ont reparu sous diverses formes dans le roman ou le drame anglais, et vous verrez les dernières filles de Miranda et d'Imogène dans les Esther et les Agnès de Dickens. Les caractères nobles et purs ne manquent point dans Balzac lui-même : Marguerite Claës, Eugénie Grandet, le marquis d'Espars, le Médecin de campagne sont des modèles. Même on pourrait trouver, dans le vaste champ des littératures, plusieurs écrivains qui, de parti pris, ont mis en scène les beaux sentiments et les âmes supérieures, Corneille, Richardson, George Sand : l'un dans *Polyeucte*, le *Cid*, les *Horaces*, en représentant l'héroïsme raisonneur; l'autre dans *Paméla*, *Clarisse* et *Grandison*, en faisant parler la vertu protestante; l'autre dans *Mauprat*, *François le Champi*, la *Mare au Diable*, *Jean de la Roche*, et tant d'autres œuvres récentes, en peignant la générosité native. Quelquefois enfin, un artiste supérieur, Gœthe dans son *Hermann et Dorothée*, et surtout dans son *Iphigénie*, Tennyson dans les *Idylles du roi* et la *Princesse*, ont essayé de remonter au plus haut du ciel idéal. Mais nous en sommes tombés, et ils n'y reviennent que par des curiosités d'artistes, des abstractions de solitaires et des recherches d'archéologues. Pour les autres, quand ils mettent en scène des personnages parfaits, c'est tantôt en moralistes, tantôt en observateurs : dans le premier cas, pour plaider une thèse, avec une nuance sensible de froideur ou de parti pris; dans le second cas, avec un mélange de traits humains, d'imperfections foncières, de préjugés locaux, de fautes anciennes, prochaines ou possibles, qui rapprochent la figure idéale des figures réelles, mais qui ter-

nissent la splendeur de sa beauté. L'air des
civilisations avancées n'est pas bon pour elle;
c'est ailleurs qu'elle apparaît, dans les littératures épiques et populaires, quand l'inexpé-
rience et l'ignorance laissent à l'imagination
tout son vol. Il y a une époque pour chacun
des trois groupes de types et pour chacun des
trois groupes de littératures; ils tendent à se
produire l'un au déclin, l'autre pendant la maturité, l'autre dans la première jeunesse d'une
civilisation. Aux époques très-cultivées et très-
raffinées, dans les nations un peu vieillies, au
siècle des hétæres, en Grèce, dans les salons
de Louis XIV et dans les nôtres, paraissent les
types les plus bas et les plus vrais, les littératures comiques et réalistes. Aux époques
adultes, quand la société est dans son plein
développement, quand l'homme est au milieu
de quelque grande carrière, en Grèce au v°
siècle, en Espagne et en Angleterre à la fin du
xvi°, en France au xvii° siècle et aujourd'hui,
paraissent les types puissants et souffrants, les
littératures dramatiques ou philosophiques.

Aux époques intermédiaires, qui sont d'un côté une maturité et de l'autre un déclin, aujourd'hui par exemple, les deux âges se mêlent par un empiétement réciproque, et chacun d'eux enfante les créations de l'autre à côté des siennes. Mais les créatures vraiment idéales ne naissent abondamment que dans les époques primitives et naïves, et c'est toujours dans les âges reculés, à l'origine des peuples, parmi les songes de l'enfance humaine, qu'il faut remonter pour trouver les héros et les dieux. Chaque peuple a les siens; il les a tirés de son cœur, il les nourrit de ses légendes; et, à mesure qu'il s'avance dans la solitude inexplorée des âges nouveaux et de l'histoire future, leurs images immortelles luisent devant ses yeux, comme autant de génies bienfaisants chargés de le conduire et de le protéger. Tels sont les héros dans les vraies épopées, Siegfried dans les *Niebelungen*, Roland dans nos vieilles chansons de geste, le Cid dans le *Romancero*, Rostan dans le *Livre des Rois*, Antar en Arabie, Ulysse et Achille en Grèce. Plus haut encore et dans un ciel supérieur sont les révélateurs, les sauveurs et les dieux, ceux de la Grèce peints dans les poëmes d'Homère, ceux de l'Inde entrevus dans les hymnes védiques, dans les antiques épopées, dans les légendes bouddhiques, ceux de la Judée et du christianisme représentés dans les Psaumes, dans les Évangiles, dans l'Apocalypse, et dans cette chaîne continue de confidences poétiques dont les derniers et les plus purs anneaux sont les *Fioretti* et l'*Imitation*. Là l'homme, transfiguré et agrandi, atteint toute son ampleur ; divinisé ou divin, rien ne lui manque ; si son esprit, sa force ou sa bonté ont des limites, c'est à nos yeux et à notre point de vue. Il n'en a pas aux yeux de sa race et de son siècle ; la croyance lui a donné tout ce que l'imagination avait conçu ; il est au faîte, et tout à côté de lui, au faîte des œuvres d'art, se placent les œuvres sublimes et sincères qui ont porté son idée sans fléchir sous son poids.

III

Considérons maintenant l'homme physique avec les arts qui le manifestent, et cherchons quels sont pour lui les caractères bienfaisants. Le premier de tous, sans conteste, est la santé intacte, même la santé florissante. Un corps souffreteux, amaigri, languissant, exténué, est plus faible; ce qu'on appelle l'animal vivant est un ensemble d'organes avec un ensemble de fonctions: tout arrêt partiel est un pas vers l'arrêt total; la maladie est une destruction commencée, une approche de la mort. — Par la même raison, il faut ranger parmi les caractères bienfaisants l'intégrité du type naturel, et cette remarque nous conduit fort loin dans la conception du corps parfait. Car elle en exclut non-seulement les grosses difformités, les déviations de l'échine et des membres, et toutes les vilainies que peut présenter un musée pathologique, mais encore les altérations plus légères que le métier, la profession, la vie sociale, introduisent dans les proportions et les dehors de l'individu. Un forgeron a les bras trop gros; un tailleur de pierre a l'échine courbée; un pianiste a les mains sillonnées de tendons et de veines, allongées à l'excès et terminées par des doigts aplatis; un avocat, un médecin, un homme de bureau et d'affaires porte dans ses muscles amollis et dans son visage tiré l'empreinte universelle de sa vie cérébrale et sédentaire. Les effets du costume, surtout du costume moderne, ne sont pas moins fâcheux; il n'y a que les vêtements lâches, flottants, aisément et souvent quittés, la sandale, la chlamyde, le peplum antiques, qui ne gênent pas le corps naturel. Nos chaussures collent ensemble les doigts du pied et les creusent sur le côté par le contact; les corsets, les corps de jupe de nos femmes étriquent leur taille. Voyez un bain d'hommes en été, et comptez tant de déformations tristes ou grotesques, entre autres la couleur crue ou blafarde de la peau; elle a perdu l'habitude de la lumière, son tissu n'est plus ferme; elle fré-

mit et se hérisse au moindre souffle d'air ; elle
est dépaysée, elle n'est plus en harmonie avec
les choses environnantes ; elle diffère autant de
la chair saine qu'une pierre tirée récemment
de la carrière diffère d'un roc qui a vécu longtemps sous la pluie et le soleil : toutes deux ont
perdu leur ton naturel et sont des déterrées.
Suivez jusqu'au bout ce principe ; à force d'écar-
ter toutes les altérations que la civilisation
impose au corps naturel, vous verrez apparaître
les premiers linéaments du corps parfait.

A présent, voyons-le à l'œuvre. Son action,
c'est son mouvement. Nous compterons donc
parmi les caractères bienfaisants toutes ses
capacités de mouvement physique : il faut qu'il
soit apte et préparé à tous les exercices et em-
plois de force, qu'il ait la structure de charpente, les proportions de membres, l'ampleur
de poitrine, la souplesse d'articulations, la résistance de muscles nécessaires pour courir, sau-
ter, porter, frapper, combattre, résister à l'effort et à la fatigue. Nous lui donnerons toutes
ces perfections corporelles, sans faire prédo-

miner l'une au détriment de l'autre; elles seront
toutes en lui au plus haut degré, mais avec
équilibre et harmonie : il ne faut pas qu'une
force entraîne une faiblesse, et que, pour être développé, il se trouve amoindri. Ce n'est pas tout
encore; aux dispositions athlétiques et à la prépa-
ration gymnastique, nous ajouterons une âme,
c'est-à-dire une volonté, une intelligence et un
cœur. L'être moral est le terme et comme la
fleur de l'animal physique : si le premier faisait
défaut, le second ne serait pas complet; la
plante semblerait avortée, elle n'aurait pas sa
couronne suprême, et un corps si parfait ne
s'achève que par une âme parfaite (1). Nous mon-
trerons cette âme dans toute l'économie du
corps, dans l'attitude, dans la forme de la tête,
dans l'expression du visage; on sentira qu'elle
est libre et saine ou supérieure et grande. On
devinera son intelligence, son énergie et sa noblesse; mais on ne fera que les deviner. Nous les.

---

(1) Ψυχὴ ἐντελεχεία σώματος φυσινοῦ ὀργανίκου. — Cette définition d'Aristote, si profonde, aurait pu être écrite par tous les
sculpteurs grecs; elle est l'idée mère de la civilisation hellénique.

indiquerons, nous ne les mettrons pas en saillie : nous ne pouvons pas les mettre en saillie ; si nous le tentions, nous nuirions au corps parfait que nous voulons représenter. Car la vie spirituelle s'oppose dans l'homme à la vie corporelle : quand il monte haut dans la première, il néglige ou subordonne la seconde ; il se regarde comme une âme embarrassée d'un corps, sa machine devient un accessoire ; pour penser plus librement, il la sacrifie, il l'enferme dans un cabinet de travail, il la laisse se déjeter ou s'amollir ; même il en a honte, sa pudeur exagérée la couvre et la cache presque tout entière ; il cesse de la connaître, il n'en voit plus que les organes pensants ou expressifs, le crâne enveloppe de la cervelle, la physionomie interprète des émotions ; le reste est un appendice dissimulé par la robe ou par l'habit. La haute civilisation, le complet développement, la profonde élaboration de l'âme, ne peuvent se rencontrer avec un corps athlétique, nu, accompli dans la vie gymnastique. Le front méditatif, la finesse des traits, la complication de la physio-

nomie feraient disparate avec des membres
de lutteur et de coureur. C'est pourquoi quand
nous voudrons imaginer le corps parfait, nous
prendrons l'homme à cette époque et dans cette
situation intermédiaires où l'âme n'a point
encore relégué le corps à la seconde place, où
la pensée est une fonction et non une tyrannie,
où l'esprit n'est pas encore un organe dispropor-
tionné et monstrueux, où l'équilibre subsiste
entre toutes les parties de l'action humaine, où
la vie coule ample et mesurée comme un beau
fleuve, entre l'insuffisance du passé et les débor-
dements de l'avenir.

IV

D'après cet ordre de valeurs physiques, on
peut classer les œuvres d'art qui représentent
l'homme physique, et montrer que, toutes
choses égales d'ailleurs, les œuvres seront plus
ou moins belles, selon qu'elles exprimeront

plus ou moins complétement les caractères dont la présence est un bienfait pour le corps.

Au plus bas échelon se trouve l'art, qui, de parti pris, les supprime tous. Il commence avec la chute du paganisme antique et dure jusqu'à la Renaissance. Dès l'époque de Commode et de Dioclétien, vous voyez la sculpture s'altérer profondément : les bustes impériaux ou consulaires perdent leur sérénité et leur noblesse ; l'aigreur, l'ahurissement et la fatigue, la bouffissure des joues et l'allongement du cou, les tics de l'individu et les froissements du métier remplacent la santé harmonieuse et l'énergie active. Peu à peu vous arrivez aux mosaïques et aux peintures de l'art byzantin, aux Christs et aux Panagias émaciés, étriqués, roidis, simples mannequins, parfois vrais squelettes, dont les yeux caves, les grandes cornées blanches, les lèvres amincies, le visage effilé, le front rétréci, les mains fluettes et inertes donnent l'idée d'un ascète poitrinaire et idiot. A un degré moindre, la même maladie dure à travers tout l'art du moyen âge ; il semble, à regarder les vitraux,

les statues des cathédrales, les peintures primitives, que la race humaine ait dégénéré et que
le sang humain se soit appauvri : saints étiques,
martyrs disloqués, vierges à la poitrine plate,
aux pieds trop longs, aux mains noueuses,
solitaires desséchés et comme vidés de sub-
stance, Christs qui semblent des vers de terre
foulés et sanglants, processions de personnages
ternes, figés, tristes, en qui se sont imprimées
toutes les déformations de la misère et toutes
les contraintes de l'oppression. Lorsque aux
approches de la Renaissance, la plante humaine, tout étiolée et toute bossue, recommence à végéter, elle ne se redresse pas du
premier coup; sa sève n'est pas pure encore.
La santé et l'énergie ne rentrent dans le corps
humain que par degrés; il faut un siècle pour
le guérir de ses scrofules invétérées. Chez les
maîtres du xve siècle, vous trouvez encore des
marques nombreuses qui dénotent la consomp-
tion ancienne et le jeûne immémorial : dans
Memling, à l'hôpital de Bruges, des visages
d'une impossibilité monacale, des têtes trop

grosses, des fronts bombés par l'exagération
du rêve mystique, des bras grêles, la placidité
monotone d'une vie immobile, conservée
comme une pâle fleur à l'ombre du cloître;
chez Beato Angelico, des corps atténués, dissi-
mulés sous les chapes et les robes rayonnan-
tes, réduits à l'état de fantômes glorieux, des
poitrines effacées, des têtes allongées, des fronts
proéminents; chez Albert Durer, des cuisses et
des bras trop minces, des ventres trop gros,
des pieds disgracieux, des visages anxieux, ri-
dés et fatigués, des Èves et des Adams blafards
et mal dégourdis qu'on voudrait habiller; chez
presque tous, cette forme du crâne qui rappelle les fakirs ou les hydrocéphales, et ces enfants hideux, à peine viables, sorte de têtards
dont la tête énorme se continue par un torse
mollasse, puis par un appendice grêle de membres repliés et tortillés. Les premiers maîtres
de la renaissance italienne, les vrais restaura-
teurs de l'ancien paganisme, les anatomistes
de Florence, Antonio Pollaiolo, Verocchio,
Luca Signorelli, tous les prédécesseurs de

7.

Léonard de Vinci, gardent eux-mêmes un reste de la tache originelle : dans leurs figures, la vulgarité des têtes, la laideur des pieds, la saillie des genoux et des clavicules, les bosselures des muscles, l'attitude contournée et pénible montrent que la force et la santé, rétablies sur leur trône, n'ont point ramené avec elles toutes leurs compagnes, et qu'il manque encore deux muses, celles de l'aisance et de la sérénité. Quand, enfin, les déesses de l'antique beauté, toutes rappelées de l'exil, ont repris sur l'art leur légitime empire, elles ne se trouvent souveraines qu'en Italie; au delà des monts, leur autorité est intermittente ou incomplète. Les nations germaniques ne l'acceptent qu'à demi; encore faut-il que, comme la Flandre, elles soient catholiques; les protestantes, comme la Hollande, s'en affranchissent tout à fait. Celles-ci sentent mieux la vérité que la beauté; elles préfèrent les caractères importants aux caractères bienfaisants, la vie de l'âme à la vie du corps, les profondeurs de la personne indivi-

duelle à la régularité du type général, le rêve
intense et trouble à la contemplation claire et
harmonieuse, la poésie du sentiment intime à
la jouissance extérieure des sens. Rembrandt,
le plus grand peintre de cette race, n'a reculé
devant aucune des laideurs et des difformités
physiques : trognes grimées d'usuriers et de
juifs, échines courbées et jambes bancales de
mendiants et de gueux, cuisinières déshabil-
lées, dont la chair avachie porte encore la
marque du corset, genoux cagneux et ventres
flasques, figures d'hôpital et loques de friperie,
histoires juives qui semblent copiées dans un
bouge de Rotterdam, scènes de tentation où
la femme de Putiphar, se jetant hors de son lit,
fait comprendre au spectateur la fuite de
Joseph ; audacieux et douloureux embrassement
du réel tout entier, si repoussant qu'il puisse
être. Une telle peinture, quand elle est réussie,
va au delà de la peinture ; comme celle de
Beato Angelico, d'Albert Durer, de Memling,
elle est une poésie : il s'agit, pour l'artiste, de
manifester une émotion religieuse, des divina-

tions philosophiques, une conception générale de la vie; l'objet propre des arts plastiques, le corps humain est sacrifié; il est subordonné à une idée ou à quelque autre élément de l'art. En effet, chez Rembrandt, le principal intérêt du tableau n'est pas l'homme, mais la tragédie de la lumière mourante, éparpillée, palpitante, combattue incessamment par l'envahissement de l'ombre. Mais si, quittant ces génies extra-ordinaires ou excentriques, nous considérons le corps humain comme le véritable objet de l'imitation pittoresque, il nous faudra reconnaître que les figures peintes ou sculptées auxquelles manquent la force, la santé et le reste des perfections corporelles, descendent, prises en elles-mêmes, au plus bas degré de l'art.

Autour de Rembrandt sont des peintres d'un génie moindre et qu'on appelle les petits flamands, van Ostade, Téniers, Gérard Dow, Adrien Brouwer, Jean Steen, Pierre de Hoogh, Terburg, Metzu, et quantité d'autres. Leurs personnages sont ordinairement des bourgeois ou des gens du peuple; ils les ont pris tels qu'ils

les voyaient dans les marchés et dans les rues,
dans les maisons et dans les tavernes ; bourg-
mestres gras et cossus, dames décentes et lym-
phatiques, maîtres d'école en lunettes, cuisinières à l'ouvrage, hôteliers ventrus, buveurs
en goguette, patauds, courtauds et lourdauds
d'échoppe et de ferme, d'atelier et de cabaret.
Louis XIV, les voyant dans sa galerie, disait :
« Otez-moi de là ces magots ! » En effet, le personnage qu'ils ont peint est un corps d'espèce
inférieure, au sang froid, au teint blafard ou
rougeaud, à la taille rentassée, aux traits irré-
guliers, vulgaire, souvent grossier, propre à la
vie sédentaire et machinale, dépourvu de l'activité et de la souplesse qui font l'athlète et le
coureur. En outre, ils lui ont laissé toutes les
servitudes de la vie sociale, toutes les empreintes
du métier, de la condition et du vêtement,
toutes les déformations que le travail méca-
nique du paysan, la tenue cérémonieuse du
bourgeois imposent à la structure du corps et à
l'expression du visage. Mais leur œuvre se relève
par d'autres qualités : l'une que nous avons

examinée plus haut, je veux dire la représen-
tation des caractères importants, et l'art de
manifester l'essentiel d'une race et d'un siècle ;
l'autre que nous examinerons tout à l'heure,
je veux dire l'harmonie de la couleur et l'habi-
leté de l'arrangement. D'autre part, considé-
rés en eux-mêmes, leurs personnages font plaisir à voir ; ils ne sont pas exaltés et malades
d'esprit, souffrants, écrasés comme les précé-
dents ; ils sont bien portants et contents de
vivre ; ils sont à leur aise dans leurs ménages
et dans leurs taudis ; une pipe et un verre de
bière suffisent à leur béatitude ; ils ne s'agitent
pas, ils ne sont pas inquiets ; ils rient d'un gros
rire ou regardent devant eux, sans souhaiter
davantage. Bourgeois et gentilshommes, ils sont
heureux de sentir que leurs habits sont neufs,
leurs parquets cirés, leurs vitres luisantes.
Servantes, paysans, cordonniers, mendiants
même, leur bouge leur paraît confortable,
et ils se trouvent bien assis sur un escabeau ;
on voit qu'ils ont plaisir à tirer leurs alènes
ou à ratisser leurs carottes. Leurs sens obtus

et leur imagination rassise ne les portent pas
au delà; tout leur visage est calme ou re-
posé, paterne ou bonasse : tel est le bonheur
du tempérament flegmatique, et le bonheur,
c'est-à-dire la santé morale et physique, est
beau partout, même ici.

Nous arrivons enfin aux figures grandioses dans
lesquelles l'animal humain atteint toute sa force et
toute sa taille. Ce sont celles des maîtres d'Anvers,
Crayer, Gérard Zeghers, Jacques van Oost,
Everdingen, van Thulden, Abraham Jansens,
Théodore Rombouts, Jordaens, et Rubens au
premier rang. Voilà enfin des corps affranchis
de toutes les contraintes sociales, et dont rien
ne gêne ni n'a gêné la pousse ; ils sont nus
ou drapés lâchement; s'ils sont vêtus, c'est de
costumes fantastiques et magnifiques qui sont
pour leurs membres non une entrave, mais une
décoration. On n'a point trouvé d'attitudes plus
libres, de gestes plus impétueux, de muscles plus
vigoureux et plus amples. Chez Rubens les martyrs sont des géants fougueux et des lutteurs
lâchés. Les saintes ont des torses de faunesses et

des hanches de bacchantes. Le vin fumeux de la
santé et de la joie coule impétueusement dans
leurs corps trop nourris ; il déborde comme
une séve regorgeante en carnations splendides,
en gestes abandonnés, en gaietés colossales, en
fureurs superbes ; la rouge ondée du sang qui
monte et descend dans leurs veines y pousse la
vie avec un jet si opulent et si libre, que
toute créature humaine semble terne et bridée
auprès de celles-là. C'est un monde idéal, et
quand nous l'apercevons, il se donne en nous
comme un grand coup d'aile qui nous emporte
au-dessus du nôtre. Mais il n'est pas le plus
haut de tous. Les appétits y sont souverains; on
n'y dépasse guère la grosse vie de l'estomac et
des sens. Les convoitises y allument les yeux
d'une flamme trop sauvage; le rire sensuel
habite trop assidûment sur les lèvres charnues;
le corps gras, luxurieusement épanoui, n'est pas
propre à toute la diversité des actions viriles;
il n'est capable que d'un élan bestial et d'un
assouvissement glouton; la chair, trop sanguine
et trop molle, déborde en formes exagérées et

irrégulières ; l'homme a été charpenté grandement, mais à gros coups. Il est borné, violent,
parfois cynique et gouailleur ; les hautes parties
de l'esprit lui manquent, il n'est point noble.
Les Hercules ici ne sont pas des héros, mais
des assommeurs. Avec la musculature d'un tau-
reau, ils ont l'âme ; et l'homme, tel que l'a
conçu Rubens, semble une florissante brute que
ses instincts condamnent à l'engraissement du
pâturage ou aux mugissements du combat.

Il nous reste à trouver un type humain en
qui la noblesse morale achève la perfection physique. Pour cela nous quitterons la Flandre et
nous irons dans la patrie du beau. Nous tra-
verserons les Pays-Bas italiens, je veux dire
Venise, et nous verrons dans sa peinture une
approche du type parfait : des chairs amples,
mais contenues dans une forme plus mesurée ;
un bonheur épanoui, mais d'espèce plus fine ;
une volupté large et franche, mais exquise et
ornée ; des têtes énergiques et des âmes bor-
nées à la vie présente, mais des fronts intelli-
gents, des physionomies réfléchies et dignes, des

esprits aristocratiques et ouverts. Nous irons
alors à Florence, et nous contemplerons cette
école d'où sortit Léonard, où entra Raphaël, et
qui, avec Ghiberti, Donatello, Andrea del
Sarto, Fra Bartholomeo, Michel-Ange, découvrit
le type le plus parfait auquel l'art moderne ait
atteint. Contemplez le saint Vincent de Fra
Bartholomeo, la Madone *al sacco* d'Andrea del
Sarto, l'École d'Athènes de Raphaël, le tombeau des Médicis, et la voûte de la Sixtine de
Michel-Ange : voilà les corps que nous devrions
avoir ; auprès de cette race d'hommes, les autres
sont faibles, ou amollies, ou grossières, ou mal
équilibrées. Non-seulement leurs figures ont la
ferme et mâle santé qui demeure invincible aux
attaques de la vie ; non-seulement elles sont
exemptes de toutes les taches et de toutes les
contraintes que les exigences de la société
humaine et le conflit du monde environnant
nous apportent ; non-seulement le rhythme de
leur structure et la liberté de leur attitude manifestent en elles toutes les facultés de l'action
et du mouvement ; mais encore leur tête, leur

visage et l'ensemble de toutes leurs formes at-
testent, tantôt, comme dans Michel-Ange, l'énergie et la sublimité de la volonté ; tantôt, comme
dans Raphaël, la douceur et la paix immortelle
de l'âme ; tantôt, comme chez Léonard, l'élévation et la finesse exquise de l'intelligence ; sans
que pourtant chez l'un ni chez l'autre, le raffinement de l'expression morale fasse contraste
avec la nudité du corps ou avec la perfection
des membres, sans que jamais l'ascendant trop
fort de la pensée ou des organes retire la personne humaine de ce ciel idéal où toutes les
puissances s'accordent en un concert supérieur.
Leurs personnages peuvent lutter et s'indigner
comme les héros de Michel-Ange, rêver et sourire comme les femmes de Vinci, vivre et se
contenter de vivre comme les madones de
Raphaël ; ce qui importe, ce n'est point l'action
momentanée dans laquelle ils s'engagent, c'est
leur structure entière. La tête n'en est qu'une
portion ; la poitrine, les bras, les attaches, les
proportions, toute la forme parle et conspire
à mettre sous nos yeux une créature d'une

autre espèce que la nôtre ; nous sommes devant
eux comme des singes ou des Papous devant
nous. Nous ne pouvons les situer dans aucun
point de l'histoire positive ; nous sommes obligés, pour leur trouver un monde, de les reculer
jusque dans les lointains vaporeux de la légende.
La poésie de la distance ou la majesté des théo-
gonies peuvent seules fournir un sol digne de
les porter. Devant les Sibylles et les Vertus de
Raphaël, devant les Adams et les Èves de Michel-
Ange, nous pensons aux figures héroïques ou
sereines de l'humanité primitive, aux vierges
filles de la terre et des fleuves, dont les grands
yeux réfléchissaient pour la première fois l'azur
du ciel paternel, aux combattants nus qui
descendaient de leurs montagnes pour étouffer
les lions dans leurs bras. — Au sortir d'un tel
spectacle, nous croyons que notre œuvre est
faite et que nous ne pouvons trouver au delà.
Et cependant Florence n'est que la seconde
patrie du beau ; Athènes est la première. Quelques têtes et quelques statues échappées au
naufrage de l'antiquité, la Vénus de Milo, les

marbres du Parthénon, la tête de Junon reine
à la villa Ludovisi, vous montreront une race
encore plus haute et plus pure; vous oserez
sentir par comparaison que dans les figures de
Raphaël (1) la douceur est souvent un peu
moutonne et que la carrure du corps est parfois un peu massive (2); que dans les figures
de Michel-Ange la tragédie de l'âme s'annonce
trop visiblement par l'enflure des muscles et
l'excès de l'effort. Les véritables dieux visibles
sont nés ailleurs et dans un air plus pur. Une
civilisation plus spontanée et plus simple, une
race mieux équilibrée et plus fine, une religion mieux appropriée, une culture du corps
mieux entendue a jadis dégagé un type plus
noble, d'un calme plus fier, d'une sérénité plus
auguste, d'un mouvement plus uni et plus
libre, d'une perfection plus aisée et plus naturelle; il a servi de modèle aux artistes de la
Renaissance, et l'art que nous admirons en

(1) La Vierge de Saint-Sixte, la Belle Jardinière.
(2) Les Vénus, les Psychés, les Grâces, les Jupiters, les Amours
de la Farnésine.

Italie n'est qu'une pousse moins droite et moins
haute du laurier ionien transplanté dans un
autre sol.

V

Telle est la double échelle d'après laquelle se
classent à la fois les caractères des choses et les
valeurs des œuvres d'art. Selon que les caractères sont plus importants ou bienfaisants, ils
sont à une place plus haute, et mettent à un
rang plus haut les œuvres d'art par lesquelles
ils sont exprimés. Remarquez que l'importance
et la bienfaisance sont deux faces d'une qua-
lité unique, *la force* considérée tour à tour par
rapport à autrui et par rapport à elle-même.
Dans le premier cas, elle est plus ou moins importante, selon qu'elle résiste à des forces plus
ou moins grandes. Dans le second cas, elle est
nuisible ou bienfaisante, selon qu'elle aboutit à
sa propre faiblesse ou à son propre accroisse-

ment. Ces deux points de vue sont les plus élevés auxquels on puisse considérer la nature ; car ils tournent nos yeux tantôt vers son essence, tantôt vers sa direction. Par son essence elle est un amas de forces brutes, inégales en grandeur, dont le conflit est éternel, mais dont la somme et le travail total demeurent toujours les mêmes. Par sa direction, elle est une série de formes où la force emmagasinée a le privilége d'un renouvellement et même d'un accroissement continus. Tantôt le caractère est une de ces puissances primitives et mécaniques qui sont l'essence des choses ; tantôt il est une de ces puissances ultérieures et capables de grandir, qui marquent la direction du monde ; et l'on comprend pourquoi l'art est supérieur lorsque, prenant pour objet la nature, il manifeste tantôt quelque portion profonde de son fonds intime, tantôt quelque moment supérieur de son développement.

§ III

LE DEGRÉ DE CONVERGENCE DES EFFETS

Après avoir considéré les caractères en eux-
mêmes, il nous reste à les examiner quand ils
se transportent dans l'œuvre d'art. Non-seulement il faut qu'en eux-mêmes ils aient la plus
grande valeur possible, mais encore il faut que
dans l'œuvre d'art, ils deviennent aussi domi-
nateurs qu'il se pourra. C'est ainsi qu'ils rece-
vront tout leur éclat et tout leur relief; de cette
façon seulement ils seront plus visibles que dans
la nature. Pour cela il faut évidemment que
toutes les parties de l'œuvre contribuent à les
manifester. Aucun élément ne doit rester inactif
ou tirer l'attention d'un autre côté; ce serait
une force perdue ou une force employée à contre-

sens. En d'autres termes, dans un tableau, une
statue, un poëme, un édifice, une symphonie,
tous les effets doivent être *convergents*. Le degré
de cette convergence marque la place de l'œuvre, et vous allez voir une troisième échelle se
dresser à côté des deux premières pour mesurer
la valeur des œuvres d'art.

I

Prenons d'abord les arts qui manifestent
l'homme moral, et notamment la littérature.
Nous commencerons par distinguer les divers
éléments qui constituent un drame, une épopée, un roman; bref, une œuvre qui met en
scène des âmes agissantes. En premier lieu, il
y a là des âmes, je veux dire des personnages
doués tous d'un caractère distinct; et dans un
caractère on peut reconnaître plusieurs parties.
Au moment où un enfant, comme dit Homère,
« tombe pour la première fois entre les genoux

d'une femme », il possède, au moins en germe, des facultés et des instincts d'une certaine espèce et d'un certain degré ; il tient de son père, de sa mère, de sa famille et en général de sa race ; de plus, les qualités héréditaires, transmises avec le sang, ont en lui des dimensions et des proportions par lesquelles il se distingue de ses compatriotes et de ses parents. Ce fond moral inné est lié à un tempérament physique, et le tout ensemble forme l'apport primitif que l'éducation, les exemples, l'apprentissage, tous les événements et toutes les actions ultérieures de l'enfance et de la jeunesse vont contrarier ou compléter. Lorsque ces différentes forces, au lieu de s'annuler les unes les autres, s'ajoutent les unes aux autres, leur convergence enfonce en l'homme une empreinte profonde, et vous voyez paraître les caractères frappants ou forts. Cette convergence manque souvent dans la nature ; elle ne manque jamais dans l'œuvre des grands artistes : c'est ainsi que leurs caractères, quoique composés des mêmes éléments que les caractères réels, sont plus puissants que les caractères

8.

réels. Ils préparent leur personnage de loin et
minutieusement ; lorsqu'ils nous le présentent,
nous sentons qu'il ne peut pas être autrement
qu'il est. Une vaste charpente le soutient; une
profonde logique l'a construit. Personne n'a eu
ce don au même degré que Shakspeare. Si
vous lisez avec attention chacun de ses rôles,
vous y trouverez à chaque instant, dans un mot,
dans un geste, dans une saillie d'imagination,
dans un décousu d'idées, dans un tour de
phrase, un rappel et un indice qui vous montreront tout l'intérieur, tout le passé, tout l'avenir du personnage (1). Ce sont là ses *dessous*.

(1) Dans *Othello,* au dernier moment, la réminiscence de ses
voyages et de son enfance, phénomène fréquent dans le suicide :

> . . . . of one whose hand,
> Like the base Judean, threw a pearl away
> Richer than all his tribe ; of one whose subdu'd eyes,
> Albeit unused to the melting mood,
> Drop tears as fast as the Arabian trees
> Their medicinal gum.

Dans *Macbeth,* l'invasion subite, au premier mot, de l'hallucination ambitieuse et homicide, phénomène fréquent chez les monomanes :

> My thought whose murder yet is but fantastical,
> Shakes so my single state of man, that function
> Is smother'd in surmise, and nothing is,
> But what is not.

Le tempérament corporel, les aptitudes et les tendances originelles ou acquises, la végétation compliquée des idées et des habitudes lointaines ou récentes, toute la séve de la nature humaine, infiniment transformée depuis ses plus anciennes racines jusqu'à ses dernières pousses, a contribué à produire les actions et les paroles qui en sont le jet terminal. Il a fallu cette multitude de forces présentes et cette concordance d'effets concentrés pour animer des figures comme Coriolan, Macbeth, Hamlet, Othello, et composer, nourrir, exalter la passion maîtresse qui va les roidir et les lancer. A côté de Shakspeare, j'ose nommer un moderne, presque un contemporain, Balzac, le plus riche entre tous ceux qui, de notre temps, ont manié les trésors de la nature morale. Nul n'a mieux montré la formation de l'homme, l'échafaudage successif de ses diverses assises, les effets superposés et entrecroisés de la parenté, des premières impressions, de la conversation, des lectures, des amitiés, de la profession, de l'habitation, les innombrables empreintes qui de jour en jour viennent s'appliquer sur notre âme pour lui donner sa consistance et sa forme. Mais il est romancier et savant, au lieu d'être, comme Shakspeare, dramatiste et poëte ; c'est pourquoi, au lieu de cacher ses *dessous*, il les étale ; vous les trouverez longuement énumérés dans ses descriptions et ses dissertations infinies, dans ses portraits circonstanciés d'une maison, d'un visage ou d'un habit, dans ses récits préparatoires d'une enfance et d'une éducation, dans ses explications techniques d'une invention et d'une procédure. Mais en somme son art est le même, et quand il construit des personnages, Hulot, le père Grandet, Philippe Bridau, la vieille fille, un espion, une courtisane, un grand homme d'affaires, son talent consiste toujours à ramasser une quantité énorme d'éléments formateurs et d'influences morales en un seul lit et sur une seule pente, comme autant d'eaux qui viendront enfler et précipiter le même courant.

Un second groupe d'éléments dans l'œuvre littéraire, ce sont les situations et les événe-

ments. Le caractère conçu, il faut que le conflit où on l'engage soit propre à le manifester.
En cela, l'art est encore supérieur à la nature
car dans la nature les choses ne se passent pas
toujours ainsi. Tel caractère grand et puissant
y reste enfoui et inerte, faute d'occasion ou
de tentation. Si Cromwell ne s'était pas trouvé
au milieu de la révolution d'Angleterre, il
aurait très-probablement continué la vie qu'il
mena jusqu'à quarante ans dans sa famille et
dans son district, propriétaire fermier, magis-
trat municipal, puritain sévère, occupé de ses
engrais, de ses bestiaux, de ses enfants et de ses
scrupules de conscience. Reculez la révolution
française de trois ans, et Mirabeau n'eût été
qu'un gentilhomme déclassé, aventurier et vi-
veur. D'autre part, tel caractère médiocre ou
faible, qui n'a pas suffi à des événements tragiques, eût suffi à des événements ordinaires. Supposez Louis XVI né dans une famille bourgeoise,
avec quelque petite fortune, employé ou ren-
tier : il aurait vécu considéré et tranquille ; il
aurait rempli honnêtement sa tâche quoti-

dienne; on l'aurait vu assidu à son bureau,
docile envers sa femme, paternel avec ses enfants; le soir, sous sa lampe, il leur eût enseigné
la géographie, et le dimanche, après la messe,
il se serait amusé avec ses outils de serrurier.
Le personnage construit que la nature livre en
prise à la vie est comme un navire qui, de son
chantier, vient de glisser à la mer; il a besoin
d'un grand vent ou d'un petit vent, selon qu'il
est nacelle ou frégate : l'ouragan qui accélère
la frégate engloutit la nacelle, et le faible souffle
d'air qui fait voguer la nacelle laisse la frégate
immobile au milieu du port. Il faut donc que
l'artiste approprie les situations aux caractères.
Voilà une seconde concordance, et je n'ai pas
besoin de vous montrer que les grands artistes
ne manquent jamais de l'établir. Ce qu'on appelle chez eux l'intrigue ou l'action est justement une suite d'événements et un ordre de
situations arrangés pour manifester des caractères, pour remuer des âmes jusqu'au fond,
pour faire apparaître à la surface les instincts
profonds et les facultés ignorées que le flux

monotone de l'habitude empêche d'émerger au
jour, pour mesurer comme chez Corneille la force
de leur volonté et la grandeur de leur héroïsme,
pour dégager comme chez Shakspeare les convoitises, les folies, les fureurs, les étranges monstres dévorants et mugissants qui rampent en
aveugles dans les bas-fonds de notre cœur.
Pour le même personnage, ces épreuves sont
diverses ; on peut donc les disposer de façon à
les rendre toujours plus fortes : c'est là le *cres-*
cendo de tous les écrivains ; ils l'emploient
dans chaque fragment de l'action comme dans
l'ensemble, et aboutissent ainsi à quelque éclat
ou à quelque chute suprême. Vous voyez que
la loi s'applique dans les détails comme dans
les masses. On groupe les portions d'une scène
en vue d'un certain effet ; on groupe tous les
effets en vue d'un dénoûment ; on construit
l'histoire entière en vue des âmes que l'on
veut mettre en scène. La convergence des
qualités entre elles a composé le personnage
visible et d'espèce notable ; la convergence du
caractère total et des situations successives ma-

nifeste le caractère jusqu'au fond et jusqu'au terme, en le conduisant au triomphe définitif ou à l'écrasement final (1).

Il reste un dernier élément, le style. A vrai dire, c'est le seul visible; les deux autres ne sont que ses *dessous;* il les revêt, et se trouve seul à la surface. Un livre n'est qu'une suite de phrases que l'auteur prononce ou fait prononcer à ses personnages; les yeux et les oreilles de la tête n'y saisissent rien d'autre, et tout ce que l'ouïe et la vue intérieure y apercevront de plus ne leur sera dévoilé que par l'entremise de ces mêmes phrases. Voilà donc un troisième élément d'importance supérieure, et dont l'effet doit concorder avec l'effet des autres pour que l'impression totale soit la plus grande possible. Mais une phrase prise en elle-même est capable de diverses formes et partant de divers effets. Elle peut être un vers suivi d'autres vers; elle peut comprendre des vers de longueur égale ou de longueur iné-gale, des rhythmes et des rimes diversement dis-

(1) Voyez, sur le principe des convergences, *la Fontaine et ses fables*, par H. Taine, 3ᵉ partie.

posés ; là-dessus voyez toutes les richesses de la
métrique. D'autre part elle peut former une ligne
de prose suivie d'autres lignes de prose ; et ces
lignes tantôt s'enchaînent en une période, tantôt
se détachent en petites phrases isolées, tantôt
composent tour à tour des périodes et des phrases
courtes ; voyez là-dessus toutes les richesses de
la syntaxe. — Enfin les mots qui composent les
phrases ont par eux-mêmes un caractère ; selon
leur origine et leur usage ordinaire, ils sont
généraux et nobles, ou techniques et secs, ou
familiers et frappants, ou abstraits et ternes, ou
éclatants et colorés. Bref, une phrase prononcée
est un ensemble de puissances qui remue à la fois
dans le lecteur l'instinct logique, les aptitudes
musicales, les acquisitions de la mémoire, les ressorts de l'imagination, et, par les nerfs, les sens,
les habitudes, ébranle tout l'homme. Il faut donc
que le style s'accommode au reste de l'œuvre ; il
y a là une dernière convergence, et sur ce terrain l'art des grands écrivains est infini ; leur
tact est d'une délicatesse extraordinaire, et leur
invention d'une fertilité inépuisable : on ne

trouve point chez eux un rhythme, un tour, une
construction, un mot, un son, une liaison de
mots, de sons et de phrases dont la valeur ne
soit sentie et dont l'emploi ne soit voulu. Ici
encore l'art est supérieur à la nature; car par
ce choix, cette transformation et cette appro-
priation du style, le personnage imaginaire
parle mieux et plus conformément à son caractère que le personnage réel. Sans pénétrer ici
dans les finesses de l'art et sans entrer dans le
détail des procédés, nous voyons aisément que les
vers sont une sorte de chant et la prose une sorte
de conversation, que le grand vers alexandrin
élève la voix jusqu'à l'accent soutenu et noble,
et que la courte strophe lyrique est encore plus
musicale et plus exaltée; que la petite phrase
nette a le ton impérieux ou sautillant, que la
longue phrase périodique a le souffle oratoire
et l'emphase majestueuse; bref, que toute forme
de style détermine un état de l'âme, la détente
ou la tension, l'emportement ou la noncha-
lance, la lucidité ou le trouble, et que partant
les effets de la situation et des caractères sont

diminués ou accrus selon que les effets du style vont dans le sens contraire ou dans le même sens. Supposez que Racine prenne le style de Shakspeare et Shakspeare le style de Racine, leur œuvre sera ridicule, ou plutôt ils ne pourront pas écrire. La phrase du xviie siècle si claire, si mesurée, si épurée, si bien liée, si bien appropriée à des entretiens de palais, est incapable d'exprimer les passions crues, les éclats d'imagination, la tempête intérieure et irrésistible qui se déchaîne dans le drame anglais. D'autre part, la phrase du xvie siècle, tantôt familière et tantôt lyrique, hasardeuse, excessive, heurtée, décousue, ferait tache si on la mettait dans la bouche des personnages polis, bien élevés, accomplis, de la tragédie française. Au lieu d'un Racine et d'un Shakspeare, vous auriez des Dryden, des Otway, des Ducis et des Casimir Delavigne. Tel est le pouvoir et telles sont les conditions du style. Les caractères que les situations manifestaient à l'esprit ne se manifestent aux sens que par le langage, et la convergence des trois forces donne au carac-

tère toute sa saillie. Plus l'artiste a démêlé et
fait converger dans son œuvre des éléments
nombreux et capables d'effet, plus le caractère
qu'il veut mettre en lumière devient dominateur; l'art tout entier tient en deux paroles :
manifester en concentrant.

II

D'après ce principe, on peut classer encore
une fois les diverses œuvres littéraires. Toutes
choses égales d'ailleurs, elles seront plus ou
moins belles, selon que la convergence des
effets sera chez elles plus ou moins complète ;
et, par une rencontre curieuse, cette règle, appliquée aux écoles, établit, entre les moments
successifs du même art, les divisions que déjà
l'histoire et l'expérience y introduisaient.

Au commencement de tout âge littéraire,
on remarque une période d'ébauche; l'art est
faible et enfantin; c'est que la convergence des

effets y est insuffisante et la faute en est à l'ignorance de l'écrivain. Le souffle n'est pas ce qui
lui manque; il l'a, et souvent il l'a franc et fort;
à ce moment le talent abonde ; de grandes figures s'agitent obscurément au fond des âmes;
mais les procédés ne sont pas connus, on ne
sait point écrire, distribuer les parties d'un
sujet, user des ressources littéraires. Tel est le
défaut de la première littérature française au
moyen âge. Quand vous lisez la *Chanson de
Roland, Renaud de Montauban, Ogier le Da-
nois*, vous sentez bien vite que les hommes de
ce siècle avaient des sentiments originaux et
grands; une société nouvelle s'était fondée; les
croisades s'accomplissaient ; la fière indépen-
dance du baron, l'indomptable fidélité du vassal,
les mœurs militaires et héroïques, la force des
corps et la simplicité des cœurs fournissaient à
la poésie des caractères égaux à ceux d'Homère.
Elle n'en a profité qu'à demi; elle a senti leur
beauté sans pouvoir la rendre. Le trouvère était
laïque et français, c'est-à-dire né dans une race
qui fut toujours prosaïque et dans une condition

à laquelle le monopole du clergé ôtait alors la
culture supérieure. Il conte sèchement et d'une
façon nue; il n'a pas les amples et éclatantes
images d'Homère et de l'antique Grèce; son récit
est terne; son vers monorime répète trente fois
de suite le même monotone coup de cloche. Il
n'est pas maître de son sujet, il ne sait pas re-
trancher, développer et proportionner, pré-
parer une scène, fortifier un effet. Son œuvre
ne prend point place dans la littérature éter-
nelle; elle disparaît du monde, elle n'occupe
plus que les antiquaires. Si elle aboutit, c'est
par des œuvres isolées, par les *Niebelungen*, en
Allemagne où le vieux fonds national n'a pas été
écrasé par l'établissement ecclésiastique, par la
Divine comédie, en Italie, où Dante, par un suprême effort de travail, d'exaltation et de génie,
trouve, dans un poëme mystique et savant, l'al-
liance inespérée des sentiments laïques et des
théories théologiques. Quand l'art renaît au
xvi° siècle, d'autres exemples nous montrent le
même manque de convergence aboutissant d'a-
bord à la même insuffisance. Le premier drama-

tiste anglais, Marlowe, est un homme de génie ;
il a senti, comme Shakspeare, la fureur des passions effrénées, la sombre grandeur de la mélan-
colie septentrionale, la sanglante poésie de l'histoire contemporaine ; mais il ne sait pas conduire
le dialogue, varier les événements, nuancer les
situations, opposer les caractères ; son procédé
n'est que le meurtre continu et la mort sans
phrases ; son théâtre puissant, mais fruste, n'est
connu que des curieux. Pour que sa tragique
idée de la vie éclose enfin aux regards de tous
et en pleine lumière, il faut qu'après lui un génie plus grand, muni de l'expérience acquise,
couve une seconde fois les mêmes âmes ; il faut
que Shakspeare, après avoir lui-même tâ-
tonné plus d'une fois, fasse entrer dans les
ébauches de son précurseur la vie variée, pleine
et profonde à laquelle l'art primitif n'avait pas
suffi.

D'autre part, à la fin de tout âge littéraire,
on remarque une période de décadence ; l'art
y est gâté, vieillot, refroidi par la routine et la
convention. Là aussi la convergence des effets

manque ; mais la faute n'en est pas à l'ignorance. Au contraire on n'a jamais été si savant ;
tous les procédés ont été perfectionnés et raffinés ; même ils sont tombés dans le domaine
commun ; qui veut en user peut les prendre.
La langue poétique est faite ; le moindre écrivain sait comment on construit une phrase,
comment on accouple deux rimes, comment on
ménage un dénoûment. Ce qui abaisse l'art,
c'est la faiblesse du sentiment. La grande conception qui avait formé et soutenu les œuvres
des maîtres languit et se délabre ; on ne la con-
serve que par réminiscence et par tradition. On
ne la suit plus jusqu'au bout ; on l'altère en y
introduisant un autre esprit ; on croit la perfec-
tionner par des disparates. Telle fut la situation
du théâtre grec au temps d'Euripide, et du
théâtre français au temps de Voltaire. La forme
extérieure subsistait la même qu'auparavant ;
mais l'âme qui l'habitait avait changé et ce contraste choque. Euripide garde l'appareil, les
chœurs, le mètre, les personnages héroïques et
divins d'Eschyle et de Sophocle. Mais il les

rabaisse jusqu'aux sentiments et aux ruses de la
vie ordinaire, il leur prête des discours d'avocat
et de sophiste, il se complaît à montrer leurs travers, leurs faiblesses et leurs lamentations. Voltaire accepte ou s'impose toutes les bienséances
et toutes les machines de Racine et de Corneille,
les confidents, les grands-prêtres, les princes,
les princesses, l'amour élégant et chevaleresque,
l'alexandrin, le style général et noble, les songes, les oracles et les dieux. Mais il y introduit
une intrigue émouvante empruntée au théâtre
anglais; il essaye d'y ajouter le vernis historique,
il y fait entrer des intentions philosophiques et
humanitaires, il y insinue des attaques contre les
rois et les prêtres; il y est novateur et penseur,
à contre-sens et à contre-temps. Chez l'un et
chez l'autre, les divers éléments de l'œuvre ne
concourent plus à un même effet. La draperie
antique gêne les sentiments récents; les sentiments récents crèvent la draperie antique. Les
personnages restent incertains entre deux rôles;
ceux de Voltaire sont des princes éclairés par
l'*Encyclopédie;* ceux d'Euripide sont des héros

9.

affinés par l'école du rhéteur. Sous ce double masque leur figure flotte; on ne la voit plus; ou plutôt ils ne vivent pas, sinon par accès, et de loin en loin. Le lecteur laisse là ce monde qui se détruit lui-même et va chercher les œuvres dans lesquelles, à l'exemple des créatures vivantes, toutes les parties sont des organes qui conspirent à un même effet.

On les trouve au centre des âges littéraires, c'est le moment où un art fleurit; auparavant il est en germe; un peu plus tard il est fané. A cet instant la convergence des effets est complète, et une harmonie admirable équilibre entre eux les caractères, le style et l'action. Ce moment se rencontre en Grèce au temps de Sophocle, et, si je ne me trompe, encore mieux au temps d'Eschyle, quand la tragédie fidèle à ses origines est encore un chant dithyrambique, quand le sentiment religieux de l'initié la pénètre tout entière, quand les figures gigantesques de la légende héroïque ou divine ont toute leur taille, quand la fatalité maîtresse de la vie humaine et la justice gardienne de

la vie sociale tissent et coupent les destinées,
aux sons d'une poésie obscure comme un ora-
cle, terrible comme une prophétie, sublime
comme une vision. Vous pouvez voir dans
Racine la concordance parfaite des habiletés
oratoires, de la diction pure et noble, de la
composition savante, des dénoûments ména-
gés, de la décence théâtrale, de la politesse
princière, des délicatesses et des bienséances de
cour et de salon. Vous trouverez un accord
semblable dans l'œuvre complexe et composite
de Shakspeare, si vous remarquez que, peignant
l'homme intact et complet, il a dû employer
côte à côte les vers les plus poétiques, la prose la
plus familière, tous les contrastes du style, pour
manifester tour à tour les hauts et les bas de la
nature humaine, la délicatesse exquise des
caractères féminins et la violence intraitable
des caractères virils, la rudesse crue des mœurs
populaires et le raffinement alambiqué des façons mondaines, le bavardage de la conversation
courante, et l'exaltation des émotions extrêmes,
l'imprévu des petits incidents vulgaires et la

fatalité des passions démesurées. Si différents
que soient les procédés, toujours, chez les grands
écrivains, ils convergent; ils convergent dans
les fables de la Fontaine comme dans les orai-
sons funèbres de Bossuet, dans les contes de
Voltaire comme dans les stances du Dante,
dans le *Don Juan* de lord Byron, comme dans
les dialogues de Platon, chez les anciens comme
chez les modernes, chez les romantiques comme
chez les classiques. L'exemple des maîtres
n'impose à leurs successeurs aucun style, aucun arrangement, aucune forme fixe. Si tel a
réussi par une voie, tel peut réussir par la voie
contraire; un seul point est nécessaire, c'est
que son œuvre entre tout entière dans la
même voie; il faut qu'il marche par toutes ses
forces vers un seul but. L'art comme la nature
coule ses créatures dans tous les moules; seulement, pour que la créature soit viable, il faut,
dans l'art comme dans la nature, que les mor-
ceaux fassent un ensemble, et que la moindre
parcelle du moindre élément y soit une ser-
vante du tout.

III

Il nous reste à considérer les arts qui manifestent l'homme physique, et à démêler leurs
divers éléments, surtout ceux de la peinture,
le plus riche de tous. Ce qu'on remarque
d'abord dans un tableau, ce sont les corps
vivants qui le remplissent, et dans ces corps
nous avons déjà distingué deux parties principales : la charpente générale osseuse et musculaire, c'est-à-dire l'écorché, et le revêtement
extérieur qui recouvre l'écorché, c'est-à-dire
la peau sensible et colorée. Vous voyez tout de
suite que ces deux éléments doivent être en
harmonie. La peau blanche et féminine du
Corrége ne peut se rencontrer sur les musculatures héroïques de Michel-Ange.—Il en est de
même pour un troisième élément, l'attitude et
la physionomie; certains sourires ne vont qu'à

certains corps; jamais un lutteur surnourri,
une Suzanne étalée, une Madeleine charnue de
Rubens n'aura l'expression pensive, délicate
et profonde que Vinci donne à ses figures. Ce
ne sont là que les concordances les plus grossières et les plus extérieures; il en est d'autres
bien plus profondes et non moins nécessaires.
Tous les muscles, tous les os, toutes les articulations, tous les détails de l'homme physique
ont une vertu significative; chacun d'eux peut
exprimer divers caractères. L'orteil et la clavicule d'un docteur ne sont pas ceux d'un combattant; le moindre fragment du corps contribue, par son ampleur, sa forme, sa couleur, sa
dimension, sa consistance, à ranger l'animal
humain dans telle ou dans telle espèce. Il y a là
un nombre énorme d'éléments dont les effets
doivent converger; si l'artiste en ignore quelques-uns, il diminue sa force; s'il en fait agir
un à contre-sens, il détruit partiellement l'effet
des autres. Voilà pourquoi les maîtres de la
Renaissance ont si fort étudié le corps humain,
pourquoi Michel-Ange a disséqué douze ans.

Ce n'était pas pédanterie, minutie de l'observation littérale. Le détail extérieur du corps humain est le trésor du sculpteur et du peintre, comme le détail intérieur de l'âme humaine est le trésor du dramatiste et du romancier. La saillie d'un tendon est aussi importante pour l'un que la domination d'une habitude pour l'autre. Non-seulement il faut qu'il en tienne compte pour faire un corps viable, mais encore il peut en tirer parti pour faire un corps énergique ou charmant. Plus il s'en est imprimé dans l'esprit la forme, les diversités, les dépendances et l'usage, plus il est maître de l'employer éloquemment dans son œuvre; et si vous étudiez de près les figures du grand siècle, vous verrez que, depuis le talon jusqu'au crâne, depuis la courbure du pied arqué jusqu'aux plis de la face, il n'y a pas une dimension, une forme, un ton de chair qui ne contribue à mettre en relief le caractère que l'artiste veut exprimer.

Ici se présentent des éléments nouveaux, ou plutôt les mêmes éléments se présentent à un autre point de vue. Les lignes qui tracent le contour du corps, ou qui dans ce contour marquent les creux et les saillies, ont une valeur par elles-mêmes ; et selon qu'elles sont droites, courbes, sinueuses, cassées ou irrégulières, elles font sur nous des effets différents. Il en est de même des masses qui composent le corps ; leurs proportions ont aussi par elles-mêmes une puissance significative ; selon les divers rapports de grandeur qui unissent la tête au tronc, le tronc aux membres, les membres entre eux, nous éprouvons des impressions diverses. Il y a une architecture du corps, et aux liaisons organiques qui associent ses parties vivantes il faut joindre les liaisons mathématiques qui déterminent ses masses géométriques et son contour abstrait. A cet égard, on peut le comparer à une colonne ; telle proportion du diamètre et de la hauteur la fait ionienne ou dorienne, élégante ou trapue. Pareillement telle proportion entre la grandeur de la tête et la grandeur de l'ensemble fait le corps florentin ou romain. Le fût de la colonne ne peut être plus grand que son

épaisseur multipliée un certain nombre de fois
par elle-même; pareillement l'ensemble du
corps doit atteindre et ne peut dépasser un
certain multiple dont la tête est l'unité. Toutes
les parties du corps ont ainsi leur mesure ma-
thématique; sans y être astreintes rigoureuse-
ment, elles oscillent à l'entour, et les divers
degrés de cette oscillation expriment tous un
caractère différent. L'artiste entre donc ici en
possession d'une nouvelle ressource; il peut
choisir des têtes petites et des corps allongés
comme Michel-Ange, des lignes simples et
monumentales comme Fra Bartholomeo, des
contours onduleux et des inflexions variées
comme Corrége. Les groupes équilibrés ou dés-
ordonnés, les attitudes droites ou obliques, les
divers plans et les divers étages du tableau lui
fourniront des symétries différentes. Une fresque ou un tableau est un carré, un rectangle,
un rond, un arc de voûte, bref un pan d'espace
dans lequel l'assemblage humain fait un édifice. Considérez dans les estampes le *Martyre
de Saint-Sébastien* par Baccio Bandinelli, ou

l'*École d'Athènes* par Raphaël, et vous sentirez ce genre de beauté que les Grecs, par un nom tout musical, appelaient l'eurythmie. Regardez le même sujet traité par deux peintres, l'*Antiope* de Titien et l'*Antiope* de Corrége, et vous sentirez les effets différents de la géométrie des lignes. Nouvelle puissance qu'il faut tourner dans le même sens que les autres et qui, négligée ou mal dirigée, empêche le caractère d'avoir toute son expression.

J'en viens au dernier élément, qui est capital, la couleur. Par elles-mêmes et en dehors de leur emploi imitatif, les couleurs comme les lignes ont un sens. Une gamme de couleurs qui ne figurent aucun objet réel, comme une arabesque de lignes qui n'imitent aucun objet naturel, peut être riche ou maigre, élégante ou lourde. Notre impression varie avec leur assemblage; leur assemblage a donc une expression. Un tableau est une surface colorée, dans laquelle les divers tons et les divers degrés de lumière sont répartis avec un certain choix; voilà son être intime; que ces

tons et ces degrés de lumière fassent des figures, des draperies, des architectures, c'est là
pour eux une propriété ultérieure, qui n'empêche pas leur propriété primitive d'avoir toute
son importance et tous ses droits. La valeur
propre de la couleur est donc énorme, et le
parti que les peintres prennent à son endroit
détermine le reste de leur œuvre. Mais dans
cet élément il y a plusieurs éléments, d'abord le
degré général de clarté ou d'obscurité; Guide
fait blanc, gris argenté, gris ardoisé, bleu pâle;
il peint tout en pleine lumière. Caravage fait
noir, brun charbonneux, intense, terreux; il
peint tout dans l'ombre opaque. — D'autre part
l'opposition des clairs et des noirs est dans le
même tableau plus ou moins forte et plus ou
moins ménagée. Vous connaissez la gradation délicate qui, chez Vinci, fait insensiblement émerger la forme du milieu de l'ombre, la gradation
délicieuse qui chez Corrége fait sortir la clarté
plus forte de la clarté universelle, l'apparition violente par laquelle chez Ribera un ton clair éclate
subitement sur la noirceur lugubre, l'air humide

et jaunâtre dans lequel Rembrandt lance une flambée de soleil ou fait filtrer un rayon perdu. — Enfin, outre leur degré de lumière, les tons, selon qu'ils sont ou non complémentaires l'un de l'autre (1), ont leurs dissonances et leurs consonnances ; ils s'appellent ou s'excluent ; l'orangé, le violet, le rouge, le vert et tous les autres, simples ou mélangés, forment ainsi par leur proximité, comme les notes musicales par leur succession, une harmonie pleine et forte, ou âpre et rude, ou douce et molle. Considérez au Louvre dans l'*Esther* de Véronèse la charmante suite des jaunes qui, vaguement pâlis, foncés, argentés, rougis, verdis, teintés d'améthyste et toujours tempérés et reliés se fondent les uns dans les autres depuis la jonquille pâle et la paille luisante jusqu'à la feuille morte et la topaze brûlée ; ou dans la *Sainte-Famille* du Giorgione, les puissantes rougeurs qui depuis la pourpre presque noire de la draperie vont se diversifiant, s'éclaircissant, se tachent d'ocre sur les chairs solides, palpitent et flageollent dans les

(1) Chevreuil, *Traité du contraste des couleurs.*

interstices des doigts, s'étalent en se bronzant
sur une poitrine virile, et, tour à tour impré-
gnées d'ombre et de lumière, mettent à la fin
sur un visage de jeune fille une effluve de soleil
couchant; vous comprendrez la puissance expressive d'un élément pareil. Il est aux figures
ce que l'accompagnement est au chant; bien
mieux, parfois il est le chant dont les figures ne
sont que l'accompagnement; d'accessoire il est
devenu principal. Mais que sa valeur soit accessoire, principale, ou simplement égale à celle
du reste, il n'en est pas moins visible qu'il est
une puissance distincte et que, pour exprimer
le caractère, son effet doit s'accorder avec les
autres effets.

IV

D'après ce principe nous allons classer une
dernière fois les œuvres des peintres. Toutes
choses égales d'ailleurs, on voit qu'elles seront
plus ou moins belles selon que la convergence

des effets sera chez elles plus ou moins complète
, et cette règle qui, appliquée à l'histoire de la littérature, a distingué les moments successifs d'un
âge littéraire, nous donne le moyen, si nous
l'appliquons à l'histoire de la peinture, de distinguer les états successifs d'une école d'art.

Dans la période primitive, l'œuvre est encore imparfaite. L'art est insuffisant, et l'artiste ignorant ne sait pas faire converger tous
les effets. Il en manie quelques-uns, souvent
fort bien, et avec génie; mais il ne soupçonne
pas les autres; le manque d'expérience l'empêche de les voir, ou l'esprit de la civilisation
dans laquelle il est enfermé en détourne ses
yeux. Tel est l'état de l'art pendant les deux
premiers âges de la peinture italienne. Pour le
génie et l'âme, Giotto ressemblait à Raphaël; il
avait la même abondance, la même facilité, la
même originalité, la même beauté d'invention;
son sentiment de l'harmonie et de la noblesse
n'était pas moindre; mais la langue n'était pas
faite, et il a balbutié tandis que l'autre a parlé.
Il n'avait pas étudié sous Pérugin et à Florence,

il ne connaissait pas les statues antiques. On
n'avait jeté alors qu'un premier regard sur le
corps vivant; on ignorait les muscles, on n'en
voyait pas la puissance expressive; on n'eût osé
comprendre et aimer le bel animal humain;
cela sentait le paganisme; l'ascendant de la
théologie et du mysticisme était trop fort. La
peinture hiératique et symbolique dure ainsi
pendant un siècle et demi, sans employer son
principal élément. — Le second âge commence,
et les orfévres anatomistes, devenus peintres,
modèlent pour la première fois dans leurs tableaux
et dans leurs fresques des corps solides et des
membres bien attachés. Mais d'autres parties
de l'art leur manquent encore. Ils ignorent
cette architecture des lignes et des masses qui,
cherchant des courbes et des proportions idéales,
transforme le corps réel en un beau corps;
Verrochio, Pollaiolo, Castagno, font des personnages anguleux, disgracieux, tout bosselés de
muscles et qui, suivant le mot de Léonard de
Vinci, « ressemblent à des sacs de noix ». Ils
ignorent les variétés du mouvement et de la

physionomie, et chez Pérugin, chez Fra Filippo, chez Ghirlandajo, dans les anciennes fresques de la Sixtine, les figures immobiles, figées,
ou rangées en files monotones semblent atten-
dre pour vivre un dernier souffle qui ne vient
pas. Ils ignorent les richesses ou les délicatesses
de la couleur, et les personnages de Signorelli,
de Credi, de Botticelli, ternes, secs, se détachent avec un relief brusque sur un fond sans
air. Il faut qu'Antonello de Messine importe en
Italie la peinture à l'huile pour que l'éclat et l'u-
nion des tons lustrés et fondus fasse couler un
sang chaud dans leurs veines. Il faut que Léonard
découvre la dégradation insensible de la lumière pour que le recul aérien fasse émerger
leurs rondeurs fuyantes et enveloppe leurs contours dans la douceur du clair-obscur. C'est
seulement à la fin du xve siècle que tous les
éléments de l'art, dégagés un à un, peuvent
assembler leurs puissances sous la main du
maître, pour manifester par leur concorde le
caractère qu'il a conçu.

D'autre part, quand dans la seconde moitié du

xvi° siècle la peinture décline, la convergence
momentanée qui avait produit les chefs-d'œuvre se défait et ne peut plus se rétablir. Tout à
l'heure elle avait manqué parce que l'artiste
n'était pas assez savant; maintenant elle manque parce qu'il n'est plus assez naïf. En vain
les Carraches étudient avec une patience infatigable, et vont prendre dans toutes les écoles les
procédés les plus variés et les plus féconds.
C'est justement cet assemblage d'effets disparates qui rabaisse leur œuvre à une place inférieure. Leur sentiment est trop faible pour en-
gendrer un ensemble; ils prennent à l'un, puis
à l'autre, et se ruinent en empruntant. Leur
science leur nuit en réunissant dans la même
œuvre des effets qui ne peuvent pas être réunis.
Le *Céphale* d'Annibal Carrache au palais Far-
nèse a les muscles d'un lutteur de Michel-
Ange, une carrure et une abondance de chairs
empruntées aux Vénitiens, un sourire et des
joues prises au Corrége; on a le déplaisir de
voir un athlète gracieux et gras. Le *Saint*
Sébastien du Guide au Louvre est un torse

d'Antinoüs antique, baigné par une lumière qui par son éclat rappelle celle de Corrége et par son ton bleuâtre rappelle celle de Prudhon; on a le déplaisir de voir un éphèbe de palestre sentimental et aimable. Partout dans cette décadence l'expression de la tête contredit celle du corps ; vous voyez des airs de béate, de dévot, de dame mondaine, de sigisbé, de grisette, de jeune page, de domestique, sur des musculatures agitées et sur des corps vigoureux ; le tout ensemble compose des dieux et des saints qui sont des déclamateurs fades, des nymphes et des madones qui sont des déesses de salon, plus souvent encore des personnages qui, flottant entre deux rôles, n'en remplissent aucun, et ne sont rien du tout. Des disparates semblables ont arrêté longtemps la peinture flamande au milieu de sa carrière, lorsqu'avec Michel Coxie, Martin Heemskerk, Franz Floris, Henri Golzius, Jean Rottenhammer, elle voulut se faire italienne. Pour que l'art flamand reprît son élan et atteignît son but, il fallut qu'un nouvel afflux d'inspiration nationale couvrît les importations étran-

gères et rendît l'essor aux instincts de la race.
Alors seulement, avec Rubens et ses contemporains, reparut l'idée originale de l'ensemble; les
éléments de l'art qui ne se groupaient que pour
se contredire s'associèrent pour se compléter,
et les œuvres viables remplacèrent les avortons.

Entre les périodes de déclin et les périodes
d'enfance, se place d'ordinaire une période de
floraison. Mais soit qu'on la rencontre, comme
il arrive le plus souvent, au centre de la période
totale et dans le mince intervalle qui sépare
l'ignorance du goût faux, soit qu'on la trouve,
comme il arrive parfois quand il s'agit d'un
homme ou d'une œuvre isolée, en un point
excentrique, toujours le chef-d'œuvre a pour
cause une convergence universelle d'effets. A
l'appui de cette vérité, l'histoire de la peinture
italienne nous a fourni les exemples les plus
variés et les plus décisifs. C'est à poursuivre
cette unité que s'applique tout l'art des maîtres,
et la délicatesse de perception qui fait leur
génie se révèle tout entière par l'opposition de
leurs procédés, comme par la cohérence de leur

conception. Vous avez vu chez Vinci l'élégance
suprême et presque féminine des figures, le
sourire indéfinissable, l'expression profonde des
traits, la supériorité mélancolique ou la finesse
exquise des âmes, les attitudes recherchées ou
originales s'accorder avec la souplesse ondu-
leuse des contours, avec la suavité mystérieuse
du clair-obscur, avec les vagues enfoncements
d'ombre croissante, avec la gradation insensible
du modelé, avec la beauté étrange des perspec-
tives vaporeuses. Vous avez vu chez les Vénitiens l'ample et riche lumière, la consonnance
joyeuse et saine des tons reliés ou opposés, le
lustre sensuel de la couleur s'accorder avec la
splendeur de la décoration, avec la liberté et la
magnificence de la vie, avec la franche énergie
ou avec la noblesse patricienne des têtes, avec le
voluptueux attrait de la chair pleine et vivante,
avec le mouvement vif et aisé des groupes, avec
l'épanouissement universel du bonheur. Dans
une fresque de Raphaël, la sobriété de la couleur convient à la force et à la solidité sculptu-
rale des figures, à l'architecture calme des

ordonnances, au sérieux et à la simplicité des
têtes, au mouvement modéré des attitudes, à
la sérénité et à l'élévation morale des expressions. Un tableau du Corrége, est une sorte de
jardin enchanté d'Alcine, où la séduction
éblouissante de la lumière mariée à la lumière,
la grâce capricieuse et caressante des lignes
ondoyantes ou cassées, la blancheur éblouissante et les rondeurs molles des corps féminins,
l'irrégularité piquante des figures, la vivacité,
la tendresse, l'abandon des expressions et des
gestes s'unissent pour former le rêve de félicité
délicieuse et délicate que la magie d'une fée et
l'amour d'une femme arrangerait pour son
amant. L'œuvre entière sort d'une racine principale ; une sensation dominante et primitive
pousse et ramifie à l'infini la végétation compliquée des effets ; chez Beato Angelico c'est la
vision de l'illumination surnaturelle, et la conception mystique du bonheur céleste ; chez Rembrandt c'est l'idée de la lumière mourante dans
l'obscurité humide, et le douloureux sentiment
du réel poignant. Vous trouverez une idée du

10.

même ordre qui détermine et accorde l'espèce
des lignes, le choix des types, l'ordonnance des
groupes, les expressions, les gestes, le coloris,
chez Rubens et Ruysdaël, chez Poussin et Le-
sueur, chez Prudhon et Delacroix. La critique
a beau faire, elle n'en démêle pas toutes les suites;
elles sont innombrables et trop profondes; la vie
est la même dans les œuvres du génie et dans
celles de la nature; elle pénètre jusque dans l'infiniment petit; aucune analyse ne peut l'épuiser.
Mais dans les unes comme dans les autres l'observation constate les concordances essentielles,
les dépendances réciproques, la direction finale
et les harmonies d'ensemble dont elle ne parvient pas à démêler tout le détail.

V

Nous pouvons maintenant, messieurs, em-
brasser d'un regard l'art tout entier, et comprendre le principe qui assigne à chaque œuvre

son rang dans l'échelle. Nous avons posé, d'a-
près nos études précédentes, que l'œuvre d'art
est un système de parties, tantôt créé de toutes
pièces, comme il arrive dans l'architecture et la
musique, tantôt reproduit d'après quelque objet
réel, comme il arrive dans la littérature, la
sculpture et la peinture, et nous nous sommes
rappelé que le but de l'art est de manifester
par cet ensemble quelque caractère notable.
Nous en avons conclu que l'œuvre serait d'autant meilleure que le caractère y serait à la
fois plus notable et plus dominateur. Nous
avons distingué dans le caractère notable deux
points de vue, selon qu'il est plus important, c'est-à-dire plus stable et plus élémentaire, et selon qu'il est plus bienfaisant, c'est-à-
dire plus capable de contribuer à la conservation
et au développement de l'individu et du groupe
dans lequel il est compris. Nous avons vu qu'à
ces deux points de vue d'après lesquels on peut
estimer la valeur des caractères correspondent
deux échelles d'après lesquelles on peut évaluer
les œuvres d'art. Nous avons remarqué que ces

deux points de vue se réunissent en un seul, et qu'en somme le caractère important ou bienfaisant n'est jamais qu'une force mesurée tantôt par ses effets sur autrui, tantôt par ses effets sur elle-même; d'où il suit que le caractère ayant deux espèces de puissance a deux espèces de valeur. Nous avons cherché alors comment dans l'œuvre d'art il peut se manifester plus clairement que dans la nature, et nous avons vu qu'il prend un relief plus fort, lorsque l'artiste, employant tous les éléments de son œuvre, fait converger tous leurs effets. Ainsi s'est dressée devant nous une troisième échelle, et nous avons vu que les œuvres d'art sont d'autant plus belles, que le caractère s'imprime et s'exprime en elles avec un ascendant plus universellement dominateur. Le chef-d'œuvre est celui dans lequel la plus grande puissance reçoit le plus grand développement. En langage de peintre, l'œuvre supérieure est celle où le caractère qui dans la nature a la plus grande valeur possible reçoit de l'art tout le surcroît possible de valeur. Laissez-moi vous dire la même chose en style

moins technique. Les Grecs nos maîtres nous
enseignent ici la théorie de l'art comme le
reste. Regardez les transformations successives,
qui peu à peu ont dressé dans leurs temples
un *Jupiter mansuetus*, une *Vénus de Milo*, une
Diane chasseresse, une *Junon* comme celle de
la villa Ludovisi, les *Parques* du Parthénon,
et toutes ces images parfaites dont les débris
mutilés suffisent encore pour nous montrer aujourd'hui les exagérations et les insuffisances de
notre art. Les trois pas de leur conception sont
justement les trois pas qui nous ont conduits à
notre doctrine. Au commencement, leurs Dieux
ne sont que les forces élémentaires et profondes
de l'univers, la Terre maternelle, les Titans sou-
terrains, les Fleuves ruisselants, le Jupiter plu-
vieux, l'Hercule Soleil. Un peu plus tard ces
mêmes Dieux dégagent leur humanité ensevelie
dans les énergies brutes de la nature, et la Pallas
guerrière, l'Artémis chaste, l'Apollon libéra-
teur, l'Hercule dompteur des monstres, toutes
les puissances bienfaisantes forment le noble
chœur de figures accomplies que les poëmes

d'Homère vont asseoir sur des trônes d'or. Des siècles s'écoulent avant qu'elles descendent sur terre ; il faut que les lignes et les proportions longtemps maniées révèlent leurs ressources et puissent soutenir le faix de l'idée divine qu'elles doivent porter. A la fin les doigts de l'homme impriment dans l'airain et dans le marbre la forme immortelle ; la conception primitive, d'abord élaborée dans les mystères des temples, puis transformée par les songes des chantres, atteint son achèvement sous la main du sculpteur.

FIN.

TABLE DES MATIÈRES

§ I

LE DEGRÉ D'IMPORTANCE DU CARACTÈRE

§ II

LE DEGRÉ DE BIENFAISANCE DU CARACTÈRE

§ III

LE DEGRÉ DE CONVERGENCE DES EFFETS

FIN DE LA TABLE DES MATIÈRES.

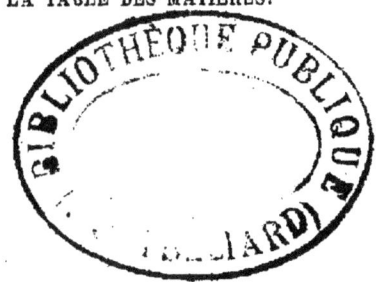

Paris. — Imprimerie de E. MARTINET, rue Mignon, 2.